KB271736

지은이 **HD어학교재연구회**

외국어 초보자를 위한 단어&어휘 분야, 기초회화 등의 어학교재를 개발하고 기획 편집, 집필하였다. 주요 저서로는 <왕초보 생활 일본어 100> <왕초보 일한·한일 필수단어사전> <왕초보를 위한 일본어회화 활용사전> <절대필수 일본어 어휘사전> 등이 있다.

30일 만에 끝내는
왕초보 핵심 best 일본어회화

지 은 이 HD어학교재연구회
감　　수 사와이 유끼꼬
본문편집 김현우
디 자 인 오르고 (book@designer.korea.com)

펴　낸　날 2008년 11월 10일 초판 1쇄 발행
펴　낸　이 천재민
펴　낸　곳 하다북스
출 판 등 록 2003년 11월 4일 제9-124호
주　　　소 (142-802) 서울시 강북구 미아4동 5-21 경남상가 201호
전　　　화 영업부 (02)6221-3020 · 편집부 (02)6221-3021
팩　　　스 (02)6221-3040
홈 페 이 지 www.hadabook.com

TALK! TALK! JAPANESE!

하다북스

Can you speak Japanese?

상황별로 핵심을 가려 뽑은 실용적인 일본어 표현!
30일 매일매일, 핵심 생활일본어 앵무새처럼 따라하기!

이 책에서는 기초회화부터 일상생활의 다양한 장소에서 활용할 수 있는 핵심 표현까지 초보자를 위한 30일 완성 생활일본어를 모두 담았습니다. 기본 표현과 일상 표현, 장소 표현 등 일상회화에서 빈번하게 사용되는 정말 유용한 표현들입니다.

Part 1에서는 인사와 안부, 소개하기, 화젯거리, 축하와 기원의 말, 감정과 의견 표현 등 언제 어디서든지 우리의 생생한 느낌과 마음을 표현할 수 있는 기본 표현을 담았습니다.
Part 2에서는 전화하기, 약속과 만남, 취미와 관광, 자동차와 대중교통 등 상대방과의 의사소통과 각각의 상황에 적절하게 대응할 수 있는 일상 표현을 담았습니다.

TALK! TALK!
JAPANESE!

Part 3에서는 우체국과 은행, 식당과 쇼핑센터, 병원과 공공기관 등 우리의 생활과 밀접하게 관련 있는 다양한 장소에서 바로바로 활용할 수 있는 장소 표현을 담았습니다.

이 책에 들어있는 CD는 각 Part의 내용(day 1~day 30)마다 MP3 파일을 따로 구성하여 필요한 부분만 골라서 반복해서 들을 수 있습니다. 또한, 이 오디오 만 들어도 이 책의 모든 회화 표현을 듣고 말할 수 있도록 한국어 문장과 일 본어 표현 모두를 원어민의 음성으로 녹음하였습니다. 30일 매일매일, 1day 씩 잘 듣고 큰 소리로 따라하다 보면 840개의 일본어 표현이 입에서 술술 나 오게 됩니다.

Talk! Talk! 네이티브 일본어 한마디!
이제부터 입에 붙을 때까지 큰소리로 따라해 봅시다.

CONTENTS

Part 1 기본 표현 Basics

day 1 인사와 안부 ⋯⋯ 10

day 2 소개하기 ⋯⋯ 14

day 3 개인의 신상 ⋯⋯ 18

day 4 시간과 날짜 ⋯⋯ 26

day 5 화젯거리 ⋯⋯ 30

day 6 축하와 기원 ⋯⋯ 34

day 7 감정을 표현할 때 ⋯⋯ 42

day 8 감사와 사과의 말 ⋯⋯ 46

day 9 부탁과 양해를 구할 때 ⋯⋯ 50

day 10 의견을 표현할 때 ⋯⋯ 54

Part 2 일상 표현 Daily Life

day 11 전화하기 ⋯⋯ 64

day 12 약속과 만남 ⋯⋯ 68

day 13 길 묻기와 안내 ⋯⋯ 72

day 14 초대와 방문 ······ 80

day 15 여가시간과 취미 ······ 84

day 16 문화생활 즐기기 ······ 88

day 17 관광하기 ······ 96

day 18 렌터카&자동차 이용 ······ 100

day 19 택시와 대중교통 ······ 104

day 20 컴퓨터와 사무기기 이용 ······ 108

Part 3 장소 표현 Place

day 21 우체국에서 ······ 118

day 22 은행에서 ······ 122

day 23 쇼핑센터에서 ······ 126

day 24 식당에서 ······ 134

day 25 편의&오락시설 이용 ······ 138

day 26 병원&약국에서 ······ 142

day 27 세탁소에서 ······ 150

day 28 미용실에서 ······ 154

day 29 부동산중개소에서 ······ 158

day 30 경찰서&공공기관에서 ······ 162

책속부록

리스닝 연습을 위한 HANDBOOK ······ 172

TALK! TALK!
JAPANESE!

day 1 인사와 안부　　　day 2 소개하기

day 3 개인의 신상　　　day 4 시간과 날짜

day 5 화젯거리　　　　day 6 축하와 기원

day 7 감정을 표현할 때　day 8 감사와 사과의 말

day 9 부탁과 양해를 구할 때　day 10 의견을 표현할 때

PART

1

기본 표현

BASICS

인사와 안부

Let's Talk — 일상적인 인사

① 안녕, 타로. 반가워요!

こんにちは、太郎。会えて うれしいよ。
곤니찌와, 타로ー. 아에떼 우레시이요

② 어떻게 지냈어요?

どう お過ごしでしたか。
도ー 오스고시데시따까

③ 좋은 날씨죠?

いい お天気ですね。
이이 오뎅끼데스네

④ 아, 기무라 씨, 안녕하세요?

ああ、木村さん。こんにちは。
아ー 기무라상. 곤니찌와

⑤ 오늘 재미있는 일이라도 있어요?

今日 いい事でも あるんですか。
교ー 이이꼬또데모 아룬데스까

⑥ 휴일 잘 보내셨어요?

よい 休日を 過ごされましたか。
요이 규ー지쯔오 스고사레마시따까

Let's Talk 오랜만에 만났을 때

⑦ 오래간만이야!
ひさしぶり。
히사시부리

⑧ 정말 오랜만이에요.
本当に お久しぶりですね。
혼또-니 오히사시부리데스네

⑨ 그동안 어떻게 지냈어요?
その間 どう お過ごしでしたか。
소노 아이다 도- 오스고시데시따까

⑩ 그동안 하나도 안 변했군요.
その間 一つも 変わってないですね。
소노아이다 히토쯔모 가왓떼나이데스네

Let's Talk 상대가 누구인지 잘 모를 때

⑪ 어디서 많이 뵌 것 같은데요.
どこかで たくさん 見た 気がします。
도꼬까데 닥상 미따 기가시마스

⑫ 제가 어디서 당신을 만난 적이 있나요?
どこかで あなたと 会ったことが ありましたか。
도꼬까데 아나따또 앗따꼬또가 아리마시따까

⑬ 우리가 예전에 만난 적이 있지 않나요?
私たち 前にも お会いしたこと ありませんか。
와따시다찌 마에니모 오아이시따꼬또 아리마셍까

 안부를 물을 때

⑭ 그동안 별 일 없으셨
어요?

その間 お変わり なかったですか。
소노 아이다 오카와리 나깟따데스까

⑮ 요즘 어떻게 지내세
요?

最近 どう お過ごしですか。
사이킹 도- 오스고시데스까

⑯ 가족들은 모두 안녕
하시죠?

ご家族の 皆さんは お元気ですか。
고가조꾸노 미나상와 오겡끼데스까

⑰ 하시는 일은 잘 되세
요?

仕事は うまく いっていますか。
시고또와 우마꾸 잇떼이마스까

⑱ 대체 어디서 지내셨
어요?

いったい どこで 過ごしていたんですか。
잇따이 도꼬데 스고시떼이딴데스까

 안부인사에 답할 때

⑲ 모두 잘 있어요.

みんな 元気です。
민나 겡끼데스

⑳ 별일 없었어요. 늘 그
렇지요.

変わったことは なかったです。相変わらずですよ。
가왓따꼬또와 나깟따데스. 아이까와라즈데스요

㉑ 덕분에 잘 되고 있어요.

お蔭様（おかげさま）で　うまく　やっています。
오까게사마데 우마꾸 얏떼이마스

㉒ 그럭저럭 지내요. 당신은요?

どうにか　こうにか　過（す）ごしています。あなたは。
도-니카 고-니카 스고시테이마스. 아나따와

㉓ 제가 좀 바빴어요.

私（わたし）が　ちょっと　忙（いそが）しかったです。
와따시가 춋또 이소가시깟따데스

헤어질 때

㉔ 이만 작별인사를 해야겠어요.

そろそろ　別（わか）れの　挨拶（あいさつ）を　しなければ　なりません。
소로소로 와까레노 아이사쯔오 시나께레바 나리마셍

㉕ 오늘 만나서 반가웠어요.

今日（きょう）は　お会（あ）いできて　うれしかったです。
교-와 오아이데끼떼 우레시깟따데스

㉖ 살펴 가세요.

お気（き）を　つけて　お帰（かえ）り　ください。
오키오 쯔께떼 오까에리 구다사이

㉗ 얘기 나눠서 정말 즐거웠어요.

お話（はなし）できて　本当（ほんとう）に　楽（たの）しかったです。
오하나시데끼떼 혼또-니 타노시깟따데스

㉘ 조만간 또 만납시다.

近（ちか）いうちに　また　会（あ）いましょう。
치카이우찌니 마타 아이마쇼-

2 day 소개하기

 **Let's Talk** 통성명을 나눌 때

❶ 우린 아직 통성명도 하지 않았죠?

私たち まだ 名前も 聞いてなかったですよね。
와따시다찌 마다 나마에모 기이떼나깟따데스요네

❷ 성함이 뭐라고 하셨죠?

お名前は なんと おっしゃいましたか。
오나마에와 난또 옷샤이마시따까

❸ 성함을 말씀해 주시겠어요?

お名前を 教えて いただいても いいですか。
오나마에오 오시에떼 이따다이떼모 이이데스까

❹ 이름을 불러도 될까요?

名前を 呼んでも いいですか。
나마에오 욘데모 이이데스까

 **Let's Talk** 자신을 소개할 때

❺ 제 소개를 할까요?

自己紹介しますか。
지꼬쇼-까이 시마스까

⑥ 제 소개를 할게요.

自己紹介 します。
지꼬쇼−까이 시마스

⑦ 안녕하세요, 저는 김 수진입니다.

こんにちは。私は キムスジンです。
곤니찌와. 와따시와 김수진데스

⑧ 김수진이라고 합니다. 만나서 반가워요.

キムスジンと 申します。お会いできて うれしいです。
김수진또 모−시마스. 오아이데끼떼 우레시이데스

처음 만나서 인사 나눌 때

⑨ 야마다 씨 처음 뵙겠 습니다.

山田さん はじめまして。
야마다상 하지메마시떼

⑩ 만나 뵙게 돼서 반갑 습니다!

お会いできて うれしいです。
오아이데끼떼 우레시이데스

⑪ 저 역시 만나 뵙게 돼 서 반가워요.

こちらこそ お会いできて うれしいです。
고찌라코소 오아이데끼떼 우레시이데스

⑫ 여기에 새로 오신 분 이시죠?

こちらに 新しく いらっしゃった 方ですよね。
고찌라니 아타라시꾸 이랏샷따 가타데스요네

⑬ 당신을 알게 돼서 기 뻐요.

あなたと お知り合いに なれて うれしいです。
아나따또 오시리아이니 나레떼 우레시이데스

가족이나 다른 사람을 소개할 때

⑭ 두 분 서로 인사 나누셨어요?
二人とも 挨拶 されましたか。
후타리토모 아이사쯔 사레마시타까

⑮ 야마다 씨, 유미 씨를 소개하겠습니다.
山田さん、ゆみさんを 紹介します。
야마다상, 유미상오 쇼-까이시마스

⑯ 제 친구 무라타 씨를 소개할게요.
私の 友達の 村田さんを 紹介します。
와따시노 도모다찌노 무라타상오 쇼-까이시마스

⑰ 제 아내와 딸을 소개해도 될까요?
私の 妻と 娘を 紹介しても いいですか。
와따시노 쯔마또 무스메오 쇼-까이시떼모 이이데스까

⑱ 이쪽이 제 아내이고, 이 애가 제 아들이에요.
こちらは 私の妻で この子は 息子です。
고찌라와 와따시노 쯔마데 고노꼬와 무스꼬데스

⑲ 그는 저의 큰형입니다.
彼は 私の 一番上の 兄です。
카레와 와따시노 이찌방우에노 아니데스

소개를 받았을 때

⑳ 말씀 많이 들었어요.
お話 たくさん 伺いました。
오하나시 닥상 우까가이마시따

㉑ 꼭 한번 뵙고 싶었
어요.

一度 お目に かかりたかったです。
이찌도 오메니 가까리따깟따데스

㉒ 좋은 친구가 되었으
면 해요.

いい お友達に なれたらと 思います。
이이 오도모다찌니 나레따라또 오모이마스

㉓ 야마다 씨가 당신 애
기를 자주 하더군요.

山田さんが あなたの 話を よく してましたよ。
야마다상가 아나따노 하나시오 요꾸 시떼마시따요

㉔ 우리 말 트고 지내는
게 어때요?

私たち タメ口で 過ごすのは どうですか。
와따시다찌 다메구찌데 스고스노와 도-데스까

다시 만나기를 바랄 때

㉕ 다시 만날 수 있을까
요?

また お会いできますか。
마타 오아이데끼마스까

㉖ 당신과 어떻게 연락
하면 되죠?

あなたと どのように 連絡したら いいですか。
아나따또 도노요-니 렌라꾸시따라 이이데스까

㉗ 계속 연락하고 지내요.

これからも 連絡を 取り合いましょう。
고레까라모 렌라꾸오 도리아이마쇼-

㉘ 좀 더 자주 만나요.

もう少し 頻繁に 会いましょう。
모-스코시 힘빤니 아이마쇼-

3 day 개인의 신상

Let's Talk 고향이나 출신지에 대해

❶ 어디서 태어나셨어요?

どこで 生まれましたか。
도꼬데 우마레마시따까

❷ 저는 서울에서 태어나서 자랐어요.

私は ソウルで 生まれ 育ちました。
와따시와 소우루데 우마레 소다찌마시따

❸ 어린 시절은 어디서 보내셨어요?

子供の ころは どこで 過ごしましたか。
고도모노 고로와 도꼬데 스고시마시따까

❹ 저는 서울에서 살지만, 부산에서 자랐어요.

私は ソウルに 住んでいますが プサンで 育ちました。
와따시와 소우루니 슨데이마스가 푸산데 소다찌마시따

Let's Talk 나이와 결혼에 대해

❺ 나이를 여쭤 봐도 될까요?

お年を 伺っても よろしいですか。
오또시오 우까갓떼모 요로시이데스까

⑥ 나이보다 젊어 보이
세요.

年より 若く 見えますね。
도시요리 와까꾸 미에마스네

⑦ 저는 이제 결혼한 지
3년째 됐어요.

私は もう 結婚して 3年目に なりました。
와따시와 모- 겍꼰시떼 산넹메니 나리마시따

⑧ 저는 아직 제게 맞는
상대를 찾고 있어요

私は まだ 理想の 相手を 探しています。
와따시와 마다 리소-노 아이테오 사가시떼이마스

가족 관계에 대해

⑨ 가족은 모두 몇 분이
세요?

ご家族は 何人ですか。
고가조꾸와 난닝데스까

⑩ 부모님과 두 여동생을
포함해서 다섯 명이에요.

両親と 二人の 妹を 含めて 5人です。
료-신또 후따리노 이모-또오 후꾸메떼 고닝데스

⑪ 오빠는 없지만, 언니
가 한 명 있어요.

兄は いませんが 姉が 一人います。
아니와 이마셍가 아네가 히또리이마스

⑫ 저희 집은 대가족이
에요.

私の 家は 大家族です。
와따시노 이에와 다이가조꾸데스

⑬ 저의 부모님은 매우
엄격하셨어요.

私の 両親は とても 厳しかったです。
와따시노 료-신와 도떼모 기비시깟따데스

사는 곳에 대해

⑭ 어디 사세요?

どちらに お住まいですか。
도찌라니 오스마이데스까

⑮ 저는 부모님 집에서 함께 살아요.

私は 両親の 家で 一緒に 住んでいます。
와따시와 료－신노 이에데 잇쇼니 슨데이마스

⑯ 저희 동네는 집세가 아주 비싸요.

うちの 近所は 家賃が とても 高いです。
우찌노 긴죠와 야찡가 도떼모 다까이데스

⑰ 우리 집은 바다를 바라보고 있어서 전망이 좋아요.

私の 家は 海が 眺められて 見晴らしが いいです。
와따시노 이에와 우미가 나가메라레떼 미하라시가 이이데스

신체에 대해

⑱ 제 얼굴에는 주근깨가 있어요.

私の 顔には そばかすが あります。
와따시노 가오니와 소바카스가 아리마스

⑲ 저는 피부가 희어요.

私は 肌が 白いです。
와따시와 하다가 시로이데스

⑳ 키가 어떻게 되세요?

身長は 何センチですか。
신쵸－와 난센치데스까

㉑ 저는 고등학교 때 성
장이 멈췄어요.

私は 高校の 時 成長が 止まりました。
와따시와 고-꼬우노 도끼 세이쵸-가 도마리마시따

㉒ 당신은 요즘 날씬해
보이는 것 같아요.

あなたは 最近 痩せたような 気がします。
아나따와 사이낑 야세따요-나 기가시마스

전공과 직업에 대해

㉓ 어느 학교에 다녔어
요?

どこの 学校に 通っていましたか。
도꼬노 각꼬-니 가욧떼이마시따까

㉔ 언제 졸업하셨어요?

いつ 卒業 しましたか。
이쯔 소쯔교- 시마시따까

㉕ 저는 대학에서 경제
학을 전공했어요.

私は 大学で 経済学を 専攻していました。
와따시와 다이가꾸데 케-자이가꾸오 센꼬-시떼이마시따

㉖ 어떤 일을 하고 계십
니까?

どんな 仕事を なさっていますか。
돈나 시고또오 나삿떼이마스까

㉗ 저는 영업부에서 일
하고 있어요.

私は 営業部で 働いています。
와따시와 에이교-부데 하타라이떼이마스

㉘ 저는 무역회사에 근
무하고 있어요.

私は 貿易会社で 勤めています。
와따시와 보-에끼가이샤데 쯔또메떼이마스

1. 어떻게 지냈어요?

2. 오래간만이야!

3. 하시는 일은 잘 되세요?

4. 덕분에 잘 되고 있어요.

5. 성함을 말씀해 주시겠어요?

6. 안녕하세요, 저는 김수진입니다.

7. 만나 뵙게 돼서 반갑습니다!

8. 저는 서울에서 태어나서 자랐어요.

9. 가족은 모두 몇 분이세요?

10. 어디 사세요?

정답

1 どう お過ごしでしたか。 **2** ひさしぶり。 **3** 仕事は うまく いっていますか。 **4** お蔭様で うまく やっています。**5** お名前を 教えて いただいても いいですか。**6** こんにちは。私は キムスジンです。 **7** お会いできて うれしいです。 **8** 私は ソウルで 生まれ 育ちました。 **9** ご家族は 何人ですか。 **10** どちらに お住まいですか。

1. 本当に お久しぶりですね。

2. 最近 どう お過ごしですか。

3. お気を つけて お帰り ください。

4. 山田さん, はじめまして。

5. 二人とも 挨拶 されましたか。

6. お話 たくさん 伺いました。

7. また お会いできますか。

8. 年より 若く 見えますね。

9. 私の 家は 大家族です。

10. どんな 仕事を なさっていますか。

정답

1 정말 오랜만이에요.　2 요즘 어떻게 지내세요?　3 살펴 가세요.　4 야마다 씨, 처음 뵙겠습니다.　5 두 분 서로 인사를 나누셨나요?　6 말씀 많이 들었어요.　7 다시 만날 수 있을까요?　8 나이보다 젊어 보이세요.　9 저희 집은 대가족이에요.　10 어떤 일을 하고 계십니까?

1

너무 행복해요.

とても 幸せです。

도떼모 시아와세데스

2

기분이 끝내줘요!

気分は 最高です。

기붕와 사이코-데스

3

당신 행복해 보여요.

幸せそうに 見えますね。

시아와세소-니 미에마스네

4

마음이 편해요.

気が 楽です。

기가 라꾸데스

5

그저 그래요.

まあまあです。

마-마-데스

6

너무 스트레스 받아.

すごい ストレスが たまる。

스고이 스토레스가 타마루

7

무척 긴장돼.

とても 緊張する。

도떼모 긴쬬-스루

8

울고 싶어요.

泣きたい。

나키타이

10

마음이 아파요.
心が 痛いです。
고꼬로가 이따이데스

9

우울해요.
憂鬱です。
유-우쯔데스

11

너무 가슴 아파요.
とても 胸が 痛いです。
도떼모 무네가 이따이데스

12

너무 괴로워요.
とても 苦しいです。
도떼모 구루시이데스

13

당신 슬퍼 보여요.
悲しそうに 見えます。
가나시소-니 미에마스

14

실망하지 마세요.
がっかりしないで ください。
각까리시나이데 구다사이

16

기운 내세요.
元気を 出して。
겡끼오 다시떼

15

너무 우울해하지 마세요.
あまり 憂鬱に ならないで くださいね。
아마리 유-우쯔니 나라나이데 구다사이네

4 day 시간과 날짜

Talk! Talk! Japanese!

시간을 물거나 알려줄 때

① 지금 몇 시인가요?

今 何時ですか。
이마 난지데스까

② 9시 정각이에요.

9時 ちょうどです。
구지 쵸-도데스

③ 2시 45분입니다.

2時 45分です。
니지 욘쥬-고훈데스

④ 오후 4시 30분쯤일 거예요.

午後4時 30分頃だと 思います。
고고 요지 산쥽뿐 고로다또 오모이마스

시계에 대해 말할 때

⑤ 당신 시계는 맞게 맞춰져 있나요?

あなたの 時計は 正確ですか。
아나따노 도께이와 세이까꾸데스까

❻ 내 시계는 시간이 잘 맞아요.

私の　時計の　時間は　正確です。
와따시노 도께이노 지깡와 세이까꾸데스

❼ 내 시계는 5분 빨라요.

私の　時計は　5分　進んでいます。
와따시노 도께이와 고훈 스슨데이마스

❽ 저는 시계 안 차고 다녀요.

私は　時計は　しません。
와따시와 도께이와 시마셍

시간이나 기간을 알고 싶을 때

❾ 몇 시에 일이 끝나세요?

何時に　仕事が　終わりますか。
난지니 시고또가 오와리마스까

❿ 다 하려면 아직 멀었어요.

全部　するなら　まだまだです。
젬부 스루나라 마다마다데스

⓫ 제가 언제 휴가를 낼 수 있을까요?

私は　いつ　休暇を　いただけますか。
와따시와 이쯔 큐ー카오 이따다케마스까

⓬ 우리 언제 떠날 거예요?

私たち　いつ　発ちますか。
와따시다찌 이쯔 다찌마스까

⓭ 3년이라는 시간은 길어요.

3年という　時間は　長いです。
산넹또이우 지깡와 나가이데스

날짜나 요일을 물을 때

⑭ 오늘은 며칠인가요?　今日は　何日ですか。
교우와 난니찌데스까

⑮ 내일은 며칠이에요?　明日は　何日ですか。
아시따와 난니찌데스까

⑯ 25일인 것 같아요.　25日だと　思います。
니쥬-고니찌다또 오모이마스

⑰ 오늘은 무슨 요일인가요?　今日は　何曜日ですか。
교우와 난요-비 데스까

⑱ 월요일이에요.　月曜日です。
게쯔요-비데스

⑲ 7일이 무슨 요인인가요?　7日は　何曜日ですか。
나노까와 난요-비데스까

특별한 날을 기억할 때

⑳ 오늘이 특별한 날인가요?　今日は　特別な　日ですか。
교우와 도꾸베쯔나 히데스까

㉑ 오늘이 당신 생일이
잖아요?

今日は あなたの 誕生日じゃないですか。
교우와 아나따노 탄죠-비쟈나이데스까

㉒ 당신 생일이 언제인
가요?

あなたの 誕生日は いつですか。
아나따노 탄죠-비와 이쯔데스까

㉓ 올해에는 내 생일이
크리스마스와 겹쳐요.

今年の 誕生日は クリスマスと 重なっています。
고또시노 단죠-비와 쿠리스마스또 카사낫떼이마스

㉔ 밸런타인데이가 언제
인가요?

バレンタインデーは いつですか。
바렌타인데-와 이쯔데스까

특별한 날을 기억할 때

㉕ 저 급해요. 시간이 없
어요.

私は 忙しいです。時間が ありません。
와따시와 이소가시이데스. 지깡가 아리마셍

㉖ 그 일을 빨리 처리해
주세요.

その 仕事を 早く 処理して ください。
소노 시고또오 하야꾸 쇼리시떼 구다사이

㉗ 왜 꾸물거리세요?

どうして ぐずぐずしているんですか。
도-시떼 구즈구즈시떼이룬데스까

㉘ 낭비할 시간이 없
어요.

無駄な 時間は ありません。
무다나 지깡와 아리마셍

5 day

화젯거리

Let's Talk 날씨와 계절에 대해

① 요즘은 날씨가 변덕
스럽군요.

この頃 気まぐれな 天気ですね。
고노고로 기마구레나 뎅끼데스네

② 이따가 날씨가 맑아
졌으면 좋겠어요.

後で 天気が 晴れたら いいです。
아또데 뎅끼가 하레따라 이이데스

③ 도쿄의 날씨는 어떤
가요?

東京の 天気は どうですか。
도-쿄-노 뎅끼와 도-데스까

④ 오늘은 매우 후덥지
근하군요.

今日は とても 蒸し暑いですね。
교-와 도떼모 무시아쯔이데스네

Let's Talk 외모나 옷차림에 대해

⑤ 그는 그렇게 잘 생긴
건 아니에요.

彼は そんなに 格好よくは ありません。
카레와 손나니 각꼬-요꾸와 아리마셍

❻ 둘은 형제 같아 보이
지 않아요.

二人は　兄弟に　見えません。
후따리와 교-다이니 미에마셍

❼ 그녀는 패션 감각이
있어요.

彼女は　ファッション感覚が　あります。
가노죠와 홧숑감가꾸가 아리마스

❽ 당신 헤어스타일 바
꿨어요?

ヘアースタイルを　変えましたか。
헤아-스타이루오 가에마시따까

❾ 당신 왜 그렇게 쫙 빼
입었어요?

あなたは　なぜ　そんなに　格好をつけているんですか。
아나따와 나제 손나니 각꼬-오 쯔께떼이룬데스까

직장과 업무에 대해

❿ 일이 손에 잡히지 않
아요.

仕事が　手につかないです。
시고또가 테니 쯔까나이데스

⓫ 힘든 하루였어요.

大変な　一日でした。
다이헹나 이찌니찌데시따

⓬ 그 사람은 사업 수완
이 좋아요.

その　人は　事業手腕が　いいです。
소노 히또와 지교-슈완가 이이데스

⓭ 그는 보수가 더 좋은
곳으로 옮겼어요.

彼は　報酬が　もっと　いい所に　移りました。
카레와 호-슈-가 못또 이이도꼬로니 우쯔리마시따

⑭ 저는 사람들과 잘 어울려요.

私は　人付き合いが　いいです。

와따시와 히또쯔끼아이가 이이데스

⑮ 우린 성격이 너무 달라요.

私たち　性格が　すごく　違います。

와따시다찌 세이까꾸가 스고꾸 찌가이마스

⑯ 그는 유머 감각이 있어요.

彼は　ユーモアが　あります。

카레와 유-모아가 아리마스

⑰ 그는 너무 이기적이에요.

彼は　とても　利己的です。

카레와 도떼모 리코테끼데스

⑱ 그녀는 좀 수줍어하는 것 같아요

彼女は　ちょっと　恥ずかしがっているようです。

가노죠와 춋또 하즈까시갓떼이루요우데스

⑲ 입안에 염증이 났어요.

口内炎が　できました。

고-나이엥가 데끼마시따

⑳ 머리가 깨질 것 같아요.

頭が　割れそうです。

아타마가 와레소-데스

㉑ 무슨 일 있어요? 피곤해 보이는군요.

なんか あったんですか。疲れて 見えます。

난까 앗딴데스까. 쯔까레떼 미에마스

㉒ 직장에서 스트레스 많이 받아요.

職場で ストレスを たくさん 受けます。

쇼꾸바데 스토레스오 닥상 우께마스

㉓ 저는 정기적으로 운동을 해요.

私は 定期的に 運動を しています。

와따시와 테이끼테끼니 운도-오 시떼이마스

타인의 평가

㉔ 그에 대한 첫인상이 어땠어요?

彼の 第一印象は どうでしたか。

카레노 다이이찌인쇼-와 도-데시따까

㉕ 그는 매우 겸손해요.

彼は とても 控えめです。

카레와 도떼모 히까에메데스

㉖ 많은 사람들이 그를 존경해요.

多くの 人たちが 彼を 尊敬しています。

오오꾸노 히또다찌가 카레오 손께이시떼이마스

㉗ 그녀는 매우 관대한 사람이에요.

彼女は とても 寛大な 人です。

가노죠와 도떼모 간다이나 히또데스

㉘ 그는 자기가 가장 잘난 줄 알아요.

彼は 自分が 一番 すごいと 思っています。

카레와 지분가 이찌방 스고이또 오못떼이마스

6 day 축하와 기원

Let's Talk 축하할 때

❶ 진심으로 축하드립니다.
心から おめでとうございます。
고꼬로까라 오메데또-고자이마스

❷ 이렇게 기쁜 날이 계속 되길 바랄게요.
このような うれしい日が いつまでも 続くことを 願います。
고노요-나 우레시이히가 이쯔마데모 쯔즈꾸꼬또오 네가이마스

❸ 부모님께서 매우 기뻐하시겠어요.
ご両親が とても 喜ばれそうですね。
고료-신가 도떼모 요로꼬바레소-데스네

❹ 우리의 승리를 축하하러 가요!
私たちの 勝利を 祝いに 行こう。
와따시다찌노 쇼-리오 이와이니 이꼬-

Let's Talk 합격이나 승진 축하

❺ 시험에 합격한 거 축하해요!
試験に 合格 おめでとうございます。
시껜니 고-까꾸 오메데또-고자이마스

⑥ 장학금 받은 거 축하해요!

奬学金（しょうがくきん） おめでとうございます。
쇼-가꾸낑 오메데또-고자이마스

⑦ 승리를 축하합니다!

勝利（しょうり） おめでとうございます。
쇼-리 오메데또-고자이마스

⑧ 성공을 축하드립니다!

ご成功（せいこう） おめでとうございます。
고세이꼬- 오메데또-고자이마스

⑨ 승진하셨다는 얘기를 들었어요. 축하드려요!

昇進（しょうしん）なさったと 聞（き）きました。 おめでとうございます。
쇼-신나삿따또 기끼마시따. 오메데또-고자이마스

생일이나 기념일 축하

⑩ 생일을 축하해요!

誕生日（たんじょうび） おめでとう。
탄죠-비 오메데또-

⑪ 서른 번째 생일을 축하드립니다!

３０歳（さんじゅっさい）の 誕生日（たんじょうび） おめでとうございます。
산쥿사이노 탄죠-비 오메데또-고자이마스

⑫ 만수무강하세요! (웃어른의 생신)

長生（ながい）きして ください。
나가이끼시떼 구다사이

⑬ 기념일을 축하합니다!

記念日（きねんび） おめでとうございます。
기넴비 오메데또-고자이마스

 결혼과 출산 축하

⑭ 결혼을 축하해요!
結婚 おめでとう。
겍꼰 오메데또-

⑮ 두 분이 행복하시길 빌어요.
お二人の 幸せを 願っています。
오후타리노 시아와세오 네갓떼이마스

⑯ 출산을 축하드려요!
ご出産 おめでとうございます。
고슛산 오메데또-고자이마스

⑰ 엄마 아빠가 되신 거 축하해요!
お母さん お父さんに なられて おめでとう。
오까-상 오또-상니 나라레떼 오메데또-

 명절과 새해 인사

⑱ 크리스마스 즐겁게 보내세요.
楽しい クリスマスを 過ごして ください。
타노시이 쿠리스마스오 스고시떼 구다사이

⑲ 즐거운 명절 되세요!
楽しい 祝日を 過ごして ください。
타노시이 슈꾸지쯔오 스고시떼 구다사이

⑳ 새해 복 많이 받으세요!
あけまして おめでとうございます。
아케마시떼 오메데또-고자이마스

㉑ 더 나은 한해가 되길 빌어요.

より 良い 一年に なりますように 願っています。
요리 요이 이찌넹니 나리마스요-니 네갓떼이마스

㉒ 새해에는 모든 행운이 깃들기를!

新年にも 皆様の ご多幸を お祈りいたします。
신넹니모 미나사마노 고타꼬-오 오이노리이따시마스

기원이나 소망의 말

㉓ 행운을 빌어요!

幸運を 祈ります。
고-웅오 이노리마스

㉔ 모든 일이 잘 되기를 바랍니다.

すべてが うまく いくように 願います。
스베떼가 우마꾸 이꾸요-니 네가이마스

㉕ 모두 행복하기를 빌어요!

皆様の 幸せを 祈っています。
미나사마노 시아와세오 이놋떼이마스

㉖ 좋은 성과 있기를 기원합니다.

良い 成果が あることを 願っています。
요이 세이까가 아루꼬또오 네갓떼이마스

㉗ 당신의 가장 큰 소원은 무엇인가요?

あなたの 一番の 希望は 何ですか。
아나따노 이찌방노 기보-와 난데스까

㉘ 저는 건강하기를 원해요.

私は ずっと 健康でいることを 望みます。
와따시와 즛또 겡꼬-데 이루꼬또오 노조미마스

1. 지금 몇 시인가요?

2. 오늘은 며칠인가요?

3. 오늘은 무슨 요일인가요?

4. 당신 생일이 언제인가요?

5. 그녀는 패션 감각이 있어요.

6. 그는 유머 감각이 있어요.

7. 생일을 축하해요!

8. 결혼을 축하해요!

9. 새해 복 많이 받으세요!

10. 모두 행복하기를 빌어요!

정답

1 今 何時ですか。　**2** 今日は 何日ですか。　**3** 今日は 何曜日ですか。　**4** あなたの 誕生日は いつですか。　**5** 彼女は ファッション感覚が あります。　**6** 彼は ユーモアが あります。　**7** 誕生日 おめでとう。　**8** 結婚 おめでとう。　**9** あけまして おめでとうございます。　**10** 皆様の 幸せを 祈っています。

1. 私の 時計は 5分 進んでいます。

2. 何時に 仕事が 終わりますか。

3. 無駄な 時間は ありません。

4. 後で 天気が 晴れたら いいです。

5. 仕事が 手につかないです。

6. 口内炎が できました。

7. 彼は とても 控えめです。

8. 心から おめでとうございます。

9. 長生きして ください。

10. 幸運を 祈ります。

정답

1 내 시계는 5분 빨라요. 2 몇 시에 일이 끝나세요? 3 낭비할 시간이 없어요. 4 이따가 날씨가 맑아졌으면 좋겠어요. 5 일이 손에 잡히지 않아요. 6 입안에 염증이 났어요. 7 그는 매우 겸손해요. 8 진심으로 축하드립니다. 9 만수무강하세요! (웃어른의 생신) 10 행운을 빌어요!

1

다 잘 될 거예요.
すべて うまく いきますよ。
스베떼 우마꾸 이끼마스요

2

저는 당신 편이에요.
_{わたし}私は あなたの _{みかた}味方です。
와따시와 아나따노 미카타데스

3

참고 견뎌보세요.
_{がんば}頑張って ください。
감밧떼 구다사이

4

자신을 믿어보세요.
_{じぶん}自分を _{しん}信じてみて ください。
지붕오 신지떼미떼 구다사이

5

화가 나요!
_{あたま}頭に _く来る。
아타마니 쿠루

6

너무 지나치군요.
とても ひどいですね。
도떼모 히도이데스네

7

말이 좀 지나치군요.
ちょっと _い言い _す過ぎです。
춋또 이이스기데스

8

말문이 막히네요.
_{ことば}言葉が _で出ないですね
고또바가 데나이데스네

9

놀랐잖아요!
驚いたよ。
오도로이따요

10

설마!
まさか。
마사카

11

난 믿을 수 없어요.
私は 信じられません。
와따시와 신지라레마셍

12

오, 이런! 말도 안 돼!
え、そんな。話に ならない。
에 손나 하나시니 나라나이

13

농담 그만 해.
冗談は やめて。
죠-당와 야메떼

14

기분이 나빠요
気分が 悪いです。
기붕가 와루이데스

15

맙소사!
なんてことだ。
난떼꼬또다

16

또 시작이군.
また 始まった。
마타 하지맛따

7 day 감정을 표현할 때

Let's Talk 기쁘고 즐거울 때

❶ 이보다 더 행복할 수
는 없어요.

これ以上の 幸せは ありません。
고레이죠-노 시아와세와 아리마셍

❷ 세상을 다 가진 기분
이에요.

天にも 昇る 気持ちです。
텐니모 노보루 기모찌데스

❸ 너무 기뻐서 펄쩍 뛸
것 같아요!

飛び上がるほど うれしいです。
도비아가루호도 우레시이데스

❹ 당신이 잘 돼서 나도
기뻐요!

あなたが うまく いって 私も うれしいです。
아나따가 우마꾸 잇떼 와따시모 우레시이데스

❺ 결과가 만족스러워요.

結果に 満足しています。
겍까니 만조꾸시떼이마스

❻ 구름 위를 걷고 있는
느낌이에요.

雲の 上を 歩いている 感じです。
쿠모노 우에오 아루이떼이루 간지데스

Let's Talk 기분이 안 좋을 때

⑦ 기분이 그냥 그래요.
気分は まあまあです。
기붕와 마아마ー데스

⑧ 너무 우울해요.
とても 憂鬱です。
도떼모 유ー우쯔데스

⑨ 오늘 기분 정말 꿀꿀해요.
今日は 本当に 気分が のらないです。
교ー와 혼또ー니 기붕가 노라나이데스

⑩ 그 소식을 들으니 정말 우울해지네요.
その 知らせを 聞いて 本当に 憂鬱になります。
소노 시라세오 기이떼 혼또ー니 유ー우쯔니 나리마스

Let's Talk 화가 날 때

⑪ 당신한테 정말 화났어요!
あなたに 本当 頭に 来ました。
아나따니 혼또ー 아타마니 기마시따

⑫ 더 이상 참을 수 없어요.
これ以上 耐えられません。
고레이죠ー 타에라레마셍

⑬ 그는 정말 지긋지긋해요.
彼には 本当 うんざりです。
카레니와 혼또ー 운자리데스

당황과 놀라움

⑭ 당신은 나를 당혹스
럽게 만드는군요.

あなたは 私を 惑わせますね。
아나따와 와따시오 마도와세마스네

⑮ 내 눈을 믿을 수가 없
었어요.

私の 目を 疑ってしまいました。
와따시노 메오 우타갓떼시마이마시따

⑯ 정말 충격적이었
어요.

本当に 衝撃的でした。
혼또-니 쇼-게끼테끼데시따

⑰ 심장이 멈추는 줄 았
았어요.

心臓が 止まるかと 思いました。
신조-가 도마루까또 오모이마시따

질투나 부러움

⑱ 당신이 부러워요.

あなたが 羨ましいです。
아나따가 우라야마시이데스

⑲ 좀 질투가 났어요.

少し 嫉妬しました。
스코시 싯또시마시따

⑳ 당신에게 정말 질투
가 나는군요.

あなたに 本当 焼き餅を 焼いてしまいます。
아나따니 혼또- 야끼모찌오 야이떼시마이마스

 **Let's Talk** 실망과 불평을 말할 때

㉑ 정말 실망했어요.
本当に がっかりしました。
혼또-니 각까리시마시따

㉒ 창피한줄 아세요!
恥を 知って ください。
하지오 싯떼 구다사이

㉓ 그에게 정말 실망했어요.
彼に 本当に 失望しました。
카레니 혼또-니 시쯔보-시마시따

 **Let's Talk** 슬플 때

㉔ 너무 슬퍼요.
とても 悲しいです。
도떼모 가나시이데스

㉕ 펑펑 울고 싶어요.
ギャーギャー 泣きたいです。
갸-갸- 나끼따이데스

㉖ 가슴이 너무 아파요.
胸が とても 痛みます。
무네가 도떼모 이따미마스

㉗ 삼가 애도를 표합니다.
謹んで お悔やみを 申しあげます。
쯔쯔신데 오꾸야미오 모-시아게마스

8 day 감사와 사과의 말

Let's Talk 고마움을 표현할 때

① 수고하셨습니다!
お疲れ様でした。
오쯔까레사마데시따

② 고맙습니다. 제가 신세를 졌네요.
ありがとうございます。お世話に なりました。
아리가또-고자이마스. 오세와니 나리마시따

③ 뭐라고 감사를 드려야 할지 모르겠어요.
何と お礼を 言ったらいいのか 分かりません。
난또 오레이오 잇따라이이노까 와까리마셍

④ 걱정해 줘서 고마워요.
心配して くれて ありがとう。
심빠이시떼 구레떼 아리가또-

Let's Talk 특별한 감사를 전할 때

⑤ 이렇게 도와주셔서 고마워요.
このように 手伝っていただき ありがとう。
고노요-니 데쯔닷떼이따다끼 아리가또-

⑥ 진심으로 감사드립
니다.

心より 感謝 申し上げます。
고꼬로요리 간샤 모–시아게마스

⑦ 정말 고마워요. 큰 도
움이 됐어요.

本当に ありがとう。 とても 助かりました。
혼또–니 아리가또–. 도떼모 다스까리마시따

⑧ 제게 기회를 주셔서
감사합니다.

私に 機会を 下さって ありがとうございます。
와따시니 기까이오 구다삿떼 아리가또–고자이마스

⑨ 힘써 주신 데 대해 정
말 감사드립니다.

協力していただき 本当に ありがとうございます。
교–료꾸시떼이따다끼 혼또–니 아리가또–고자이마스

감사인사에 답할 때

⑩ 천만에요.

どういたしまして。
도–이따시마시떼

⑪ 별거 아니에요.

大したことでは ないですよ。
다이시따꼬또데와 나이데스요.

⑫ 별말씀을요. 제가 좋
아서 한 거예요.

とんでもありません。 私が 好きで したんですよ。
돈데모아리마셍. 와따시가 스키데 시딴데스요

⑬ 도울 수 있어서 기뻐요.

手伝うことができて うれしいです。
데쯔다우꼬또가데끼떼 우레시이데스

⑭ 정말 죄송합니다.

本当に 申し訳ありません。

혼또-니 모-시와께아리마셍

⑮ 죄송해요. 면목이 없어요.

ごめんなさい。 面目ないです。

고멘나사이. 멘보꾸나이데스

⑯ 제가 잘못했어요. 죄송해요.

私が 悪かったです。 すみません。

와따시가 와루깟따데스. 스미마셍

⑰ 저를 용서해 주시겠어요?

私を 許して いただけますか。

와따시오 유루시떼 이따다께마스까

⑱ 정말 일부러 그런 건 아니에요.

本当に わざと そうしたわけでは ないです。

혼또-니 와자또 소-시따와께데와 나이데스

⑲ 제게 기회를 한 번 더 주시겠어요?

私に もう 一回 機会を くれませんか。

와따시니 모-익까이 기까이오 구레마셍까

⑳ 당신의 사과를 받아들일게요.

あなたの 謝罪を 受け入れます。

아나따노 샤자이오 우께이레마스

㉑ 미안해할 것까지는
없어요.

悪いと 思うことは ないです。
와루이또 오모우꼬또와 나이데스

㉒ 됐어요. 그 일은 신경
쓰지 마세요.

もういいですよ。その 事は 気にしないで ください。
모-이이데스요. 소노 꼬또와 기니시나이데 구다사이

㉓ 그런 일은 누구에게
나 일어날 수 있죠.

そんな 事は 誰にでも 起こりえる 事ですよ。
손나 꼬또와 다레니데모 오꼬리에루 꼬또데스요

㉔ 실수를 인정하다니 마
음이 넓으신 분이네요.

間違いを 認めてくれるなんて 心が 広い 方ですね。
마찌가이오 미또메떼구레루난떼 고꼬로가 히로이 가타데스네

사과를 받아들이지 않을 때

㉕ 미안하지만 당신 사과
를 받아들일 수 없어요.

すみませんが あなたの 謝罪を 受け入れることが できません。
스미마셍가 아나따노 샤자이오 우께이레루꼬또가 데끼마셍

㉖ 진심으로 사과하는
것 같지 않군요.

心から 謝っている ようには みえません。
고꼬로까라 아야맛떼이루 요-니와 미에마셍

㉗ 안 돼요! 당신은 전에
도 그렇게 말했어요.

だめです。あなたは 前にも そのように 言いました。
다메데스. 아나따와 마에니모 소노요-니 이이마시따

㉘ 이번에는 무슨 변명
을 할 건가요?

今度は どういう 言い訳を するつもりですか。
곤도와 도-이우 이이와께오 스루쯔모리데스까

부탁과 양해를 구할 때

부탁이나 도움을 요청할 때

❶ 부탁 하나 드려도 괜찮을까요?

一つ 頼んでも いいですか。
히도쯔 다논데모 이이데스까

❷ 부탁 좀 들어 주시겠어요?

頼みを ちょっと 聞いて いただけますか。
다노미오 춋또 기이떼 이따다께마스까

❸ 제가 개인적인 부탁 하나 해야겠어요.

私が 個人的に 一つ 頼みを しなければ ならないです。
와따시가 고진데끼니 히도쯔 다노미오 시나께레바 나라나이데스

❹ 도와주시겠습니까?

手伝って いただけますか。
데쯔닷떼 이따다께마스까

❺ 저를 좀 도와주시겠어요?

私を ちょっと 助けてくれませんか。
와따시오 춋또 다스께떼구레마셍까

❻ 거절하지 마세요. 당신 도움이 필요해요.

断らないで ください。あなたの 助けが 必要です。
고또와라나이데 구다사이. 아나따노 다스께가 히쯔요-데스

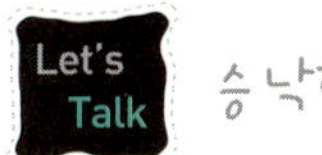 승낙할 때

❼ 물론이죠! 제가 도와 드릴게요.

もちろんです。 私が お手伝いします。
모찌롱데스. 와따시가 오데쯔다이 시마스

❽ 당신을 위해서라면 어떤 일이든지 할게요.

あなたの ためなら どんな 事でも しますよ。
아나따노 타메나라 돈나 꼬또데모 시마스요

❾ 그러죠. 제가 할 수 있는 일이라면. 뭔데요?

そうしますよ。 私が できる 事でしたら。 何ですか。
소-시마스요. 와따시가 데끼루 고또데시따라. 난데스까

❿ 기꺼이 그러죠. 도울 수 있어서 기뻐요.

喜んで そうしますよ。 手伝う 事が できて うれしいです。
요로꼰데 소-시마스요. 데쯔다우 꼬또가 데끼떼 우레시이데스

 부탁을 거절할 때

⓫ 죄송하지만, 지금은 안 되겠는데요.

すみません、 今は できません。
스미마셍, 이마와 데끼마셍

⓬ 그건 저한테는 무리예요.

それは 私には 無理です。
소레와 와따시니와 무리데스

⓭ 도와 드리고 싶지만, 지금 너무 바빠서요.

お手伝い したいのですが、 今 とても 忙しいです。
오데쯔다이 시따이노데스가, 이마 도떼모 이소가시이데스

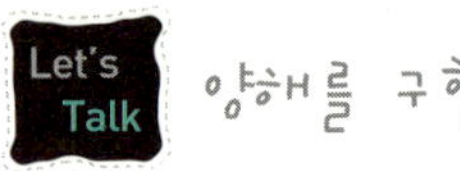

양해를 구할 때

⑭ 잠깐 실례하겠습니다.

ちょっと 失礼します。
촛또 시쯔레이시마스

⑮ 잠깐 실례해도 될까요?

ちょっと 失礼しても よろしいですか。
촛또 시쯔레이시떼모 요로시이데스까

⑯ 실례합니다만, 여기 자리 주인이 있나요?

失礼ですが この席は 誰かいますか。
시쯔레이데스가 고노세끼와 다레까이마스까

⑰ 여기서 담배를 피워도 될까요?

ここで たばこを 吸っても いいですか。
고꼬데 타바꼬오 슷떼모 이이데스까

허락할 때

⑱ 네, 마음대로 하세요.

はい、好きに して ください。
하이, 스키니 시떼 구다사이

⑲ 그럼요. 편한 대로 하세요.

そうですね。楽にして ください。
소-데스네. 라꾸니시떼 구다사이

⑳ 오, 물론이죠. 여기 있어요.

あ、もちろんですよ。ここに あります。
아, 모찌롱데스요. 고꼬니 아리마스

 도와줄 때

㉑ 도움이 필요하세요?　助けが　必要ですか。
타스께가 히쯔요-데스까

㉒ 제가 도와 드릴까요?　私が　手伝いましょうか。
와따시가 데쯔다이마쇼-까

㉓ 저도 한몫 거들 수 있었으면 해요.　私も　一役買えたらと　思います。
와따시모 히또야꾸카에따라또 오모이마스

㉔ 당신에게 도움이 됐는지 모르겠군요.　あなたの　助けに　なるか　分かりませんね。
아나따노 다스케니 나루까 와까리마셍네

 도움을 거절할 때

㉕ 아니에요, 제가 할 수 있어요.　いいえ、私が　できます。
이이에, 와따시가 데끼마스

㉖ 아닙니다, 제가 할게요.　いいえ、私が　やりますよ。
이이에, 와따시가 야리마스요

㉗ 저 혼자서도 할 수 있어요.　私　一人でも　できます。
와따시 히또리데모 데끼마스

10 day 의견을 표현할 때

Let's Talk 상대의 생각을 물을 때

❶ 이 계획에 대해서 어떻게 생각하세요?

この 計画に ついて どう お考えですか。
고노 케이카꾸니 쯔이떼 도- 오강가에데스까

❷ 뭐 좋은 생각이라도 떠오르세요?

なんか いい考えでも 浮かんできましたか。
난까 이이강가에데모 우깐데기마시따까

❸ 다른 제안이 있으세요?

他に 提案は ありますか。
호까니 테이안와 아리마스까

❹ 찬성입니까, 반대입니까?

賛成ですか、反対ですか。
산세이데스까, 한따이데스까

Let's Talk 자신의 의견을 말할 때

❺ 제가 한마디 해도 될까요?

私が 一言 言っても いいですか。
와따시가 히또꼬또 잇떼모 이이데스까

⑥ 솔직하게 말씀 드려도 될까요?

正直に お話しても いいですか。
쇼-지끼니 오하나시시떼모 이이데스까

⑦ 제 의견을 말씀 드리겠습니다.

私の 意見を 申し上げます。
와따시노 이껭오 모-시아게마스

⑧ 당신의 의견은 내 의견과 비슷하군요.

あなたの 意見は 私の 意見と似ていますね。
아나따노 이켕와 와따시노 이켕또 니떼이마스네

⑨ 내가 하고 싶은 말을 당신이 다한 것 같군요.

私が 言いたい事は あなたが 全部 言ってくれたようです。
와따시가 이이따이 고또와 아나따가 젬부 잇떼구레따요-데스

Let's Talk 결심이나 결정할 때

⑩ 결심 잘 하셨어요.

よく 決心しましたね。
요꾸 겟신시마시따네

⑪ 어떻게 해야 할지 모르겠어요.

どうして いいか 分かりません。
도-시떼 이이까 와까리마셍

⑫ 왜 마음을 바꿨어요?

どうして 心変わりしたんですか。
도우시떼 고꼬로가와리 시딴데스까

⑬ 두 가지를 다 가질 수 없으니 양자택일하세요!

二つ 全部持つことはできないから 二者択一して ください。
후다쯔 젬부 모쯔꼬또와 데끼나이까라 니샤타꾸이쯔시떼 구다사이

⑭ 저도 같은 생각이에요.
私も 同じ 考えです。
와따시모 오나지 강가에데스

⑮ 그의 의견에 동의합
니다.
彼の 意見に 同意します。
카레노 이켕니 도-이시마스

⑯ 그 점에 대해서는 저
도 동의해요.
その 点に ついては 私も 同意します。
소노 텐니 쯔이떼와 와따시모 도-이시마스

⑰ 제가 한 말을 취소할
게요.
私が 言った 事を 取り消します。
와따시가 잇따 고또오 도리케시마스

⑱ 저는 동의하지 않습
니다.
私は 同意 しません。
와따시와 도-이 시마셍

⑲ 저는 반대입니다.
私は 反対です。
와따시와 한따이데스

⑳ 저는 당신이 틀렸다
고 생각해요.
私は あなたが 間違っていると 思います。
와따시와 아나따가 마찌갓떼이루또 오모이마스

Let's Talk 추측과 판단할 때

㉑ 당신 추측이 딱 맞았어요.

あなたの 推測が ぴったりと 合っていました。

아나따노 스이소꾸가 삣따리또 앗떼이마시따

㉒ 그건 결과가 뻔한 일이에요.

それは 結果が 分かり切った ことです。

소레와 겍까가 와까리깃따 꼬또데스

㉓ 전혀 예상 밖의 상황이었어요.

全く 予想外の 状況でした。

맛따꾸 요소-가이노 죠-쿄-데시따

㉔ 아직 모르는 일이에요. 예측 못해요.

まだ 分からない 事です。 予測 できません。

마다 와까라나이 꼬도데스. 요소꾸 데끼마셍

Let's Talk 생각을 유보할 때

㉕ 딱 꼬집어서 말할 수 없군요.

はっきりとは いえないですね。

학끼리또와 이에나이데스네

㉖ 저는 확신이 없어요.

私は 確信は ありません。

와따시와 가꾸신와 아리마셍

㉗ 좀 더 지켜봅시다.

もう 少し 見守って みましょう。

모- 스코시 미마못떼 미마쇼-

1. 세상을 다 가진 기분이에요.

2. 당신한테 정말 화났어요!

3. 심장이 멈추는 줄 알았어요.

4. 수고하셨습니다!

5. 천만에요.

6. 정말 죄송합니다.

7. 부탁 하나 드려도 괜찮을까요?

8. 물론이죠! 제가 도와드릴게요.

9. 잠깐 실례하겠습니다.

10. 제가 한마디 해도 될까요?

정답

1 天にも 昇る 気持ちです。　**2** あなたに 本当 頭に 来ました。　**3** 心臓が 止まるかと 思いました。　**4** お疲れ様でした。　**5** どういたしまして。　**6** 本当に 申し訳ありません。　**7** 一つ 頼んでも いいですか。　**8** もちろんです。 私が お手伝いします。　**9** ちょっと 失礼します。　**10** 私が 一言 言っても いいですか。

1. 謹んで お悔やみを 申しあげます。

2. 心配して くれて ありがとう。

3. 心より 感謝 申し上げます。

4. 悪いと 思うことは ないです。

5. 私を ちょっと 助けてくれませんか。

6. すみません, 今は できません。

7. そうですね。 楽にして ください。

8. 賛成ですか, 反対ですか。

9. 私も 同じ 考えです。

10. 私は 同意 しません。

― 정답

1 삼가 애도를 표합니다. 2 걱정해 줘서 고마워요. 3 진심으로 감사드립니다. 4 미안해할 것까지는 없어요. 5 저를 좀 도와주시겠어요? 6 죄송하지만, 지금은 안 되겠는데요. 7 그럼요. 편한 대로 하세요. 8 찬성입니까, 반대입니까? 9 저도 같은 생각이에요. 10 저는 동의하지 않습니다.

1

오늘은 날씨가 좋군요.
今日は 天気が いいですね。
교－와 뎅끼가 이이데스네

2

너무 화창한 날씨군요.
とても 長閑な 天気ですね。
도떼모 노도카나 뎅끼데스네

3

오늘은 날씨가 안 좋아요.
今日は 天気が 悪いですね。
교－와 뎅끼가 와루이데스네

4

오늘은 날씨가 흐리군요.
今日は 曇っていますね。
교－와 쿠못떼이마스네

5

바람이 잔잔해졌어요.
風が おさまりました。
가제가 오사마리마시따

6

봄이 왔어요.
春が 来た。
하루가 기따

7

산들바람이 부는 날씨에요.
そよ風が 吹く 天気です。
소요가제가 후꾸 뎅끼데스

8

비가 올 것 같아요.
雨が 降りそうです。
아메가 후리소－데스

9

장마철이 되었군요.

梅雨に 入りましたね。

쯔유니 하이리마시따네

10

곧 태풍이 올 것 같군요.

すぐ 台風が 来そうですね。

스구 타이후-가 기소-데스네

11

장마철이 끝났어요.

梅雨が 明けました。

쯔유가 아께마시따

12

완연한 가을이군요.

はっきりと 秋ですね。

학끼리또 아끼데스네

13

오늘은 좀 쌀쌀해요.

今日は 肌寒いです。

교-와 하다사무이데스

14

오늘은 바람이 심해요.

今日は 風が ひどいです。

교-와 가제가 히도이데스

15

오늘은 너무 춥군요.

今日は とても 寒いですね。

교-와 도떼모 사무이데스네

16

눈이 내리고 있어요.

雪が 降っています。

유끼가 훗떼이마스

TALK! TALK!

JAPANESE!

day 11 전화하기   day 12 약속과 만남

day 13 길 묻기와 안내   day 14 초대와 방문

day 15 여가시간과 취미   day 16 문화생활 즐기기

day 17 관광하기   day 18 렌터카&자동차 이용

day 19 택시와 대중교통   day 20 컴퓨터와 사무기기 이용

전화하기

 전화를 걸 때

❶ 안녕하세요. 마리 씨 있나요?

こんにちは。まりさん いますか。
곤니찌와. 마리상 이마스까

❷ 기무라 씨 좀 바꿔 주시겠어요?

木村さんに 代わって いただけますか。
기무라상니 가왓떼 이따다께마스까

❸ 그냥 안부 전화한 거예요.

ただ あいさつの お電話を したんですよ。
다다 아이사쯔노 오뎅와오 시딴데스요

❹ 이 전화를 그의 사무실로 돌려주시겠어요?

この 電話を 彼の 事務所に 回してくれますか。
고노 뎅와오 카레노 지무쇼니 마와시떼구레마스까

 전화를 받을 때

❺ 여보세요. 접니다.

もしもし。私です。
모시모시. 와따시데스

⑥ 전화 거시는 분은 누구신가요?

電話を 掛けている 方は どなた様でしょうか。

뎅와오 가께떼이루 가타와 도나따사마데쇼–까

⑦ 성함을 여쭤 봐도 될까요?

お名前を 伺っても よろしいでしょうか。

오나마에오 우까갓떼모 요로시이데쇼–까

⑧ 누구시라고 전해 드릴까요?

どちら様だと お伝えしましょうか。

도찌라사마다또 오쯔타에시마쇼–까

⑨ 제가 지금 회의 중이라 나중에 다시 전화주세요.

私が 今 会議中なので あとで また 電話をください。

와따시가 이마 가이기쮸–나노데 아또데 마타 뎅와오 구다사이

전화를 연결할 때

⑩ 야마다 씨, 전화 왔어요.

山田さん、お電話です。

야마다상, 오뎅와데스

⑪ 잠깐 기다려 주세요. 그분을 바꿔 드릴게요.

少々 お待ちください。その方に かわります。

쇼–쇼– 오마찌구다사이. 소노 가타니 가와리마스

⑫ 기무라 씨에게 전화를 돌려 드리겠어요.

木村さんに 電話を かわります。

기무라상니 뎅와오 가와리마스

⑬ 야마다 씨로부터 수신자 부담 전화가 왔어요.

山田さんから コレクトコールです。

야마다상까라 코레꾸또코–루데스

⓮ 그는 지금 통화중이에요. 기다려 주시겠어요?

彼は 今 通話中です。お待ちして いただけますか。

카레와 이마 쯔-와츄-데스. 오마찌시떼 이따다께마스가

⓯ 그는 이번주에 출장 중이어서 안 계세요.

彼は 今週 出張中なので いません。

카레와 곤슈- 슛쵸-쮸-나노데 이마셍

⓰ 그는 지금 당장은 전화 받을 수 없어요.

彼は 今すぐには 電話に 出ることが できません。

카레와 이마 스구니와 뎅와니 데루꼬또가 데끼마셍

⓱ 바로 연락드리라고 전할게요.

すぐ 連絡するように 伝えます。

스구 렌라꾸스루요-니 쯔타에마스

 Let's Talk 메시지 남길 때

⓲ 메시지 좀 남길 수 있을까요?

伝言を 残してもらえますか。

뎅공오 노꼬시떼모라에마스까

⓳ 기무라가 전화했었다고 전해 주세요.

木村が 電話したと 伝えて ください。

기무라가 뎅와시따또 쯔타에떼 구다사이

⓴ 제 사무실로 전화 달라고 전해 주시겠어요?

私の 事務所に 連絡してくださいと 伝えて いただけますか。

와따시노 지무쇼니 렌라꾸시테구다사이또 쯔타에떼 이따다께마스까

Let's Talk 전화가 잘못 왔거나 상태가 안 좋을 때

㉑ 죄송하지만, 전화를 잘못 거셨어요.
すみませんが、どちらへ お掛けですか。
스미마셍가, 도찌라에 오까께데스까

㉒ 여기 그런 사람 없는데요.
ここには そのような方は いませんよ。
고꼬니와 소노요-나 가타와 이마셍요

㉓ 뭐라고요? 잘 안 들려요.
何ですか。よく 聞こえません。
난데스까. 요꾸 기꼬에마셍

㉔ 혼선이 되는군요.
混線してますね。
곤센시떼마스네

Let's Talk 휴대전화를 사용할 때

㉕ 제가 문자 보낼게요.
私が メールを 送りますよ。
와따시가 메-루오 오꾸리마스요

㉖ 휴대폰을 진동으로 해주세요.
携帯を マナーモードに して ください。
게이타이오 마나-모-도니 시떼 구다사이

㉗ 휴대폰도 꺼놓고 뭐 하세요?
携帯も 切って 何してるんですか。
게이타이모 깃떼 나니시테룬데스까

약속과 만남

 일정을 물을 때

❶ 언제 만나 뵐 수 있을 까요?

いつ お会いできますか。
이쯔 오아이데끼마스까

❷ 내일 저녁 시간 있으 세요?

明日の 夜 時間 ありますか。
아시따노 요루 지깡 아리마스까

❸ 그럼 토요일은 어떠 세요?

それでは 土曜日は どうですか。
소레데와 도요－비와 도－데스까

❹ 이번 주 금요일에 무 슨 계획이 있나요?

今週の 金曜日 何か 計画は ありますか。
곤슈－노 깅요－비 나니까 케이카꾸와 아리마스까

 약속시간을 정할 때

❺ 몇 시에 만날까요?

何時に 会いましょうか。
난지니 아이마쇼－까

⑥ 7시 어떠세요?

7時は どうですか。
시찌지와 도―데스까

⑦ 저는 아무 때나 좋아요. 당신이 결정해요.

私は いつでも いいです。あなたが 決めて ください。
와따시와 이쯔데모 이이데스. 아나따가 기메떼 구다사이

⑧ 시간 꼭 지켜주세요.

時間を 必ず 守って ください。
지깡오 가나라즈 마못떼 구다사이

⑨ 우린 늦을지 모르니까 기다리지 마세요.

私たち 遅れるかも しれないので 待たないで ください。
와따시다찌 오꾸레루까모 시레나이노데 마타나이데 구다사이

약속장소를 정할 때

⑩ 어디서 만날까요?

どこで 会いましょうか。
도꼬데 아이마쇼―까

⑪ 괜찮은 모임 장소가 있나요?

いい 集まり 場所は ありますか。
이이 아쯔마리 바쇼와 아리마스까

⑫ 어디든 좋아요. 당신이 장소를 정하세요.

どこでも いいですよ。あなたが 場所を 決めて ください。
도꼬데모 이이데스요. 아나따가 바쇼오 기메떼 구다사이

⑬ 거긴 너무 멀어요. 중간쯤에서 만나요.

そこは とても 遠いです。中間あたりで 会いましょう。
소꼬와 도떼모 도오이데스. 쮸―칸아타리데 아이마쇼―

⓮ 약속 시간을 다시 정할 수 있을까요?

約束時間を また 決め直せますか。
야꾸소꾸지깡오 마타 기메나오세마스까

⓯ 내 스케줄을 당신에게 맞출게요.

私の スケジュールを あなたに 合わせます。
와따시노 스케쥬-루오 아나따니 아와세마스

⓰ 좀 더 일찍 만날 수 있을까요?

もう少し 早く 会えますか。
모-스코시 하야꾸 아에마스까

⓱ 괜찮다면, 약속을 조금 늦췄으면 해요.

よろしければ、約束を 少し 延ばしたいんですが。
요로시께레바, 야꾸소꾸오 스코시 노바시따인데스가

⓲ 한 시간 늦게 만납시다.

一時間 遅く 会いましょう。
이찌지깡 오소꾸 아이마쇼-

⓳ 다음 기회로 미룰 수 있을까요?

またの 機会に 延ばすことは できますか。
마타노 기까이니 노바스꼬또와 데끼마스까

⓴ 당신 또 늦었군요!

あなた また 遅刻ですね。
아나따 마타 치꼬꾸데스네

㉑ 기다리게 해서 죄송
해요.

お待（ま）たせして すみません。
오마타세시떼 스미마셍

㉒ 그곳에 제 시간에 도
착하셨어요?

そこに 時間通（じかんとお）りに 到着（とおちゃく）しましたか。
소꼬니 지깡도오리니 도오챠꾸시마시따까

㉓ 왜 이렇게 오래 걸렸
어요?

なぜ こんなに 時間（じかん）が かかったのですか。
나제 곤나니 지깡가 가깟따노데스까

㉔ 그렇게 화내지 마세
요. 제가 점심 살게요.

そう 怒（おこ）らないで ください。私（わたし）が お昼（ひる）を おごりますよ。
소- 오꼬라나이데 구다사이. 와따시가 오히루오 오고리마스요

약속을 어겼을 때

㉕ 어제는 무슨 이유로
안 오신 거예요?

昨日（きのう）は どんな 理由（りゆう）で いらっしゃらなかったんですか。
기노우와 돈나 리유-데 이랏샤라나깟딴데스까

㉖ 오시기로 해놓고, 왜
안 오셨어요?

来（く）る事（こと）に しておきながら なぜ 来（こ）なかったのですか。
구루꼬또니 시떼오끼나가라 나제 고나깟다노데스까

㉗ 약속을 어기지 마세요.

約束（やくそく）を 破（やぶ）らないで ください。
야꾸소꾸오 야부라나이데 구다사이

㉘ 그녀가 나를 바람맞
혔어요.

彼女（かのじょ）が 私（わたし）との 約束（やくそく）を すっぽかしました。
가노죠가 와따시또노 야꾸소꾸오 습뽀까시마시따

13 day 길 묻기와 안내

Let's Talk 위치나 장소를 찾을 때

❶ 길을 잃었어요. 여기가 어디인가요?

道に迷いました。 ここは どこですか。
미찌니 마요이마시따. 고꼬와 도꼬데스까

❷ 역이 어딘지 가르쳐 주시겠어요?

駅が どこか 教えて いただけますか。
에끼가 도꼬까 오시에떼 이따다께마스까

❸ 그곳이 호텔과 가까운가요?

そこは ホテルと 近いですか。
소꼬와 호테루또 치까이데스까

❹ 그곳은 길의 어느 쪽에 있나요?

そこは 道の どっち側に ありますか。
소꼬와 미찌노 돗찌가와니 아리마스까

❺ 오른쪽에 있나요, 왼쪽에 있나요?

右側に ありますか。 左側に ありますか。
미기가와니 아리마스까. 히다리가와니 아리마스까

❻ 지름길을 아세요?

近道を 知っていますか。
치카미찌오 싯떼이마스까

 **Let's Talk** 위치나 장소를 알려줄 때

⑦ 저 건물 옆에 있어요.

あの 建物の 横に あります。
아노 다떼모노노 요꼬니 아리마스

⑧ 두 번째 모퉁이를 지나가세요.

2番目の 角を 通り 過ぎて ください。
니방메노 카도오 도오리 스기떼 구다사이

⑨ 저 주유소 건너편에 있어요.

あの ガソリンスタンドの 向かい側に あります。
아노 가소린스탄도노 무카이가와니 아리마스

⑩ 모퉁이로부터 세 번째 집이에요.

角から 三番目の 家です。
카도까라 삼방메노 이에데스

 **Let's Talk** 지도나 약도를 활용할 때

⑪ 이 지도에 그곳을 표시해 주세요.

この 地図に それを 表示して ください。
고노 치즈니 소레오 효-지시떼 구다사이

⑫ 제게 약도를 그려주시겠어요?

私に 略図を 書いて くれませんか。
와따시니 랴꾸즈오 가이떼 구레마셍까

⑬ 가는 법을 적어 주시겠어요?

行き方を 書いて いただけますか。
이끼카타오 가이떼 이따다께마스까

 방향을 찾을 때

⑭ 북쪽이 어디죠?

きたがわ
北側は どちらですか。
기타가와와 도찌라데스까

⑮ 우체국은 어느 방향
인가요?

ゆうびんきょく   ほうこう
郵便局は どちらの 方向ですか。
유-빙교꾸와 도찌라노 호-꼬-데스까

⑯ 이 길을 따라 곧장 가
세요.

みち
この 道を ずっと まっすぐ 行って ください。
고노 미찌오 즛또 맛스구 잇떼 구다사이

⑰ 이 화살표 방향을 따
라가세요.

やじるし   ほうこう   したが   い
この 矢印の 方向に 従って 行って ください。
고노 야지루시노 호-꼬-니 시타갓떼 잇떼 구다사이

⑱ 교차로에서 우회전
하세요.

こうさてん   うせつ
交差点で 右折して ください。
고-사뗑데 우세쯔시떼 구다사이

 소요 시간을 물을 때

⑲ 여기서 더 가야 하나
요?

い
ここから もっと 行かなければ なりませんか。
고꼬까라 못또 이까나께레바 나리마셍까

⑳ 여기서 아주 먼가요?

とお
ここから すごく 遠いですか。
고꼬까라 스고꾸 도오이데스까

㉑ 여기서 멀지 않아요.
ここから 遠くは ありません。
고꼬까라 도오꾸와 아리마셍

㉒ 걷기에는 너무 먼 거리예요.
歩くには とても 遠い 距離です。
아루꾸니와 도떼모 도오이 교리데스

㉓ 거기까지 가는데 얼마나 걸리나요?
そこまで 行くのに どのくらい かかりますか。
소꼬마데 이꾸노니 도노구라이 가까리마스까

㉔ 2시간 더 가셔야 해요.
二時間 もっと 行かなければ なりません。
니지깡 못또 이까나께레바 나리마셍

㉕ 이 길을 따라 20분 동안 운전해 가세요.
この 道に そって 20分間 運転して 行って ください。
고노 미찌니 솟떼 니쥽뿡깡 운뗑시떼 잇떼 구다사이

길을 잘 모른다고 할 때

㉖ 저는 이 지역을 잘 몰라요.
私は この 地域は よく 分かりません。
와따시와 고노 치이끼와 요꾸 와까리마셍

㉗ 다른 분에게 물어 보세요.
他の 方に 聞いて 見て ください。
호까노 가타니 기이떼 미떼 구다사이

㉘ 잘 모르겠네요. 도와 드리지 못해 죄송해요.
よく 分かりませんね。 助けに なれなくて すみません。
요꾸와까리마셍네. 다스께니 나레나꾸떼 스미마셍

1. 안녕하세요. 마리 씨 있나요?

2. 누구시라고 전해 드릴까요?

3. 기무라가 전화했었다고 전해 주세요.

4. 휴대폰을 진동으로 해주세요.

5. 내일 저녁 시간 있으세요?

6. 약속 시간을 다시 정할 수 있을까요?

7. 좀 더 일찍 만날 수 있을까요?

8. 길을 잃었어요. 여기가 어디인가요?

9. 여기서 아주 먼가요?

10. 저는 이 지역을 잘 몰라요.

정답

1 こんにちは。まりさん いますか。 **2** どちら様だと お伝えしましょうか。 **3** 木村が 電話したと 伝えて ください。 **4** 携帯を マナーモードに して ください。 **5** 明日の 夜 時間 ありますか。 **6** 約束時間を また 決め直せますか。 **7** もう少し 早く 会えますか。 **8** 道に 迷いました。ここは どこですか。 **9** ここから すごく 遠いですか。 **10** 私は この 地域は よく 分かりません。

1. 木村さんに 代わって いただけますか。

2. もしもし。 私です。

3. 伝言を 残してもらえますか。

4. いつ お会いできますか。

5. 何時に 会いましょうか。

6. どこで 会いましょうか。

7. お待たせして すみません。

8. 駅が どこか 教えて いただけますか。

9. この 地図に それを 表示して ください。

10. 郵便局は どちらの 方向ですか。

정답

1 기무라 씨 좀 바꿔 주시겠어요?   2 여보세요. 접니다.   3 메시지 좀 남길 수 있을까요?   4 언제 만나 뵐 수 있을까요?   5 몇 시에 만날까요?   6 어디서 만날까요?   7 기다리게 해서 죄송해요.   8 역이 어딘지 가르쳐 주시겠어요?   9 이 지도에 그곳을 표시해 주세요.   10 우체국은 어느 방향인가요?

1

일어날 시간이야!
起きる 時間だ。
오끼루 지깡다

2

늦잠 잤어요.
寝坊しました。
네보–시마시따

3

밤을 꼬박 샜어요!
徹夜したよ。
데쯔야시따요

4

너 지난 밤 코를 골더라.
お前 昨日の 夜 いびきかいていたよ。
오마에 기노우노 요루 이비끼가이떼이따요

5

가위 눌렸어요.
金縛りに あった。
가나시바리니 앗따

6

나 백수야.
私 失業中です。
와따시 시쯔교–츄–데스

7

난 요리하는 거 좋아해.
私は 料理が 好き。
와따시와 료–리가 스키

8

식탁 좀 치워 줄래요?
テーブルを ちょっと 片付けて くれますか。
테–부루오 춋또 가타즈께떼 구레마스까

9

나 오늘 수업 빼먹었어.

私 今日 授業を サボったよ。

와따시 교- 쥬교-오 사봇따요

10

그녀는 공부벌레에요.

彼女は がり勉です。

가노죠와 가리벤데스

11

시험을 망쳤어요.

試験が ダメだった。

시껜가 다메닷따

12

전철이 정말 붐빈다.

電車が 本当に 混んでいる。

덴샤가 혼또-니 곤데이루

13

바가지 썼어요.

ぼったくられた。

봇타구라레따

14

나눠서 냅시다.

割り勘しましょう。

와리캉시마쇼-

15

나한테 화내지 마!

私に 怒らないで。

와따시니 오꼬라나이데

16

줄을 서세요!

列に 並んで ください。

레쯔니 나란데 구다사이

14 day 초대와 방문

Let's Talk 초대를 제의할 때

❶ 오늘 밤 같이 식사하러 가시겠어요?
今晩 一緒に 食事をしに 行きませんか。
곰방 잇쇼니 쇼꾸지오시니 이끼마셍까

❷ 저희와 함께 하시겠어요?
私たちと 一緒に しますか。
와따시다찌또 잇쇼니 시마스까

❸ 이번 주 파티에 당신을 초대하고 싶어요.
今週 パーティーに あなたを 招待 したいです。
곤슈― 파―티―니 아나따오 쇼―타이 시타이데스

❹ 부인도 함께 오세요.
奥様と 一緒に 来て ください。
오꾸사마또 잇쇼니 기떼 구다사이

❺ 누가 거기에 오나요?
誰が そこに 来ますか。
다레가 소꼬니 기마스까

❻ 격식을 갖춘 모임인가요?
格式ある 集まりですか。
가꾸시끼아루 아쯔마리데스까

 **Let's Talk** 초대에 응할 때

⑦ 초대해 주셔서 감사 해요.
招待して いただいて ありがとうございます。
쇼-타이시떼 이따다이떼 아리가또-고자이마스

⑧ 몇 시에 가면 될까 요?
何時に 行けば いいですか。
난지니 이께바 이이데스까

⑨ 무슨 일이 있어도 꼭 갈게요.
何が あっても 必ず 行きます。
나니가 앗떼모 가나라즈 이끼마스

⑩ 이번에 저도 함께 데 리고 가 주세요.
今度は 私も 一緒に 連れて 行って ください。
곤도와 와따시모 잇쇼니 쯔레떼 잇떼 구다사이

 **Let's Talk** 초대를 거절할 때

⑪ 유감스럽지만 못 갈 것 같아요.
残念ですが 行けなさそうです。
잔넹데스가 이께나사소-데스

⑫ 참석하고 싶지만, 시 간이 나지않아요.
出席したいのですが 時間が 取れません。
슛세끼 시따이노데스가 지깡가 도레마셍

⑬ 선약이 있어요. 다음 기회에 합시다.
先約が あります。またの 機会に しましょう。
센야꾸가 아리마스. 마타노 기까이니 시마쇼-

⑭ 와 주셔서 기뻐요.

いらっしゃって いただき うれしいです。

이랏샷떼 이따다끼 우레시-데스

⑮ 정말 멋진 파티예요.

本当に 素敵な パーティーですね。

혼또-니 스테키나 파-티-데스네

⑯ 음악을 틀고 춤을 춰요!

音楽を かけて 踊りましょう。

옹가꾸오 가께떼 오도리마쇼-

⑰ 잘 먹었어요!

ご馳走様でした。

고찌소-사마데시따

⑱ 성대한 생일 파티를 열 거예요.

盛大に 誕生日パーティーを 開きますよ。

세이다이니 탄죠-비 파-티-오 히라끼마스요

⑲ 내가 촛불을 켤게요.

私が ろうそくを つけますね。

와따시가 로-소꾸오 쯔께마스네

⑳ 당신 생일이 특별한 날이었기를 바랄게요.

あなたの 誕生日が 特別な 日に なりますように。

아나따노 탄죠-비가 도꾸베쯔나 히니 나리마스요-니

집들이 초대

㉑ 집들이 할 거예요.

引越しパーティーを　するつもりです。

힉꼬시파-티-오 스루쯔모리데스

㉒ 여기군요!

ここですね。

고고데스네

㉓ 정말 좋은 집이군요, 부러워요.

本当に　いい　家ですね。羨ましいです。

혼또-니 이이 이에데스네. 우라야마시이데스

㉔ 집들이 선물을 가지고 왔어요.

引越し祝いの　プレゼントを　持って　来ました。

힉꼬시이와이노 프레젠또오 못떼 기마시따

결혼식장에서

㉕ 정말 아름다운 결혼식이었어요.

本当に　すばらしい　結婚式でした。

혼또-니 스바라시이 겍꼰시끼데시따

㉖ 두 분 정말 잘 어울리는 한 쌍이에요!

二人とも　本当に　よく　お似合いです。

후따리또모 혼또-니 요꾸 오니아이데스

㉗ 결혼식에 참석해 주셔서 기뻐요.

結婚式に　出席して　頂き　うれしいです。

겍꼰시끼니 슛세끼시떼 이따다끼 우레시-데스

여가시간과 취미

Talk! Talk! Japanese!

 **Let's Talk** 여가 활용 방법

① 주말에는 뭐하세요?
週末は 何を していますか。
슈–마쯔와 나니오 시떼이마스까

② 여가시간을 어떻게 보내세요?
余暇時間を どう 過ごしますか。
요까지깡오 도– 스고시마스까

③ 쉬는 날에는 주로 뭐 하세요?
休みの 日には 主に 何を しますか。
야스미노 히니와 오모니 나니오 시마스까

④ 그저 느긋하게 앉아서 TV나 봐요.
ただ くつろいで 座って テレビでも 見ます。
다다 구쯔로이데 스왓떼 테레비데모 미마스

 **Let's Talk** 휴일 계획을 말할 때

⑤ 휴일에 뭐하실 거예요?
休日に 何をする つもりですか。
규–지쯔니 나니오 스루 쯔모리데스까

⑥ 주말에 무슨 계획 있으세요?

週末に 何か 計画は ありますか。
슈-마쯔니 나니까 게이까꾸와 아리마스까

⑦ 어디 여행이라도 갈까 해요.

どこか 旅行にでも 行こうかと 思っています。
도꼬까 료꼬-니데모 이꼬-까또 오못떼이마스

⑧ 그냥 집에서 쉬려고 해요.

ただ 家で 休もうと 思っています。
다다 이에데 야스모-또 오못떼이마스

⑨ 매주 토요일은 거의 외출을 해요.

毎週 土曜日は だいたい 外出します。
마이슈- 도요-비와 다이따이 가이슈쯔시마스

취미에 대해 말할 때

⑩ 특별한 취미가 있나요?

特別な 趣味は ありますか。
도꾸베쯔나 슈미와 아리마스까

⑪ 저는 영화 보는 걸 좋아해요.

私は 映画を 見るのが 好きです。
와따시와 에이가오 미루노가 스키데스

⑫ 저는 독서가 유일한 즐거움이에요.

私は 読書が 唯一の 楽しみです。
와따시와 도꾸쇼가 유이이쯔노 타노시미데스

⑬ 저는 여행하는 거 정말 좋아해요.

私は 旅行を するのが 本当に 好きです。
와따시와 료꼬-오 스루노가 혼또-니 스키데스

 TV나 비디오 볼 때

⑭ 저는 연속극 팬이에요.
私は 連続ドラマの ファンです。
와따시와 렌조꾸도라마노 환데스

⑮ 이 프로 정말 재미없어요.
この 番組は 本当に おもしろくないです。
고노 방구미와 혼또-니 오모시로꾸나이데스

⑯ 이 드라마는 끝이 너무 지루해요.
この ドラマは 終わりが とても 退屈でした。
고노 도라마와 오와리가 도떼모 타이꾸쯔데시따

⑰ 저는 그 배역이 정말 싫어요.
私は その 配役が 本当に 嫌いです。
와따시와 소노 하이야꾸가 혼또-니 기라이데스

 책을 읽을 때

⑱ 이 책은 읽어보니 무척 재미있었어요.
この 本は 読んでみたら とても おもしろかったです。
고노 홍와 욘데미따라 도떼모 오모시로깟따데스

⑲ 요즘 베스트셀러예요.
最近 ベストセラーですよ。
사이낑 베스토세라-데스요

⑳ 이 책은 내용이 정말 알차요.
この 本は 内容が 本当に 充実しています。
고노 홍와 나이요-가 혼또-니 쥬-지쯔시떼이마스

 **Let's Talk** 관심 있는 스포츠를 물을 때

㉑ 좋아하는 스포츠가 뭐예요?

好きな スポーツは 何ですか。
스키나 스포–츠와 난데스까

㉒ 저는 골프를 아주 좋아해요.

私は ゴルフが とても 好きです。
와따시와 고루후가 도떼모 스키데스

㉓ 스키는 몇 년 정도 타셨어요?

スキーは 何年くらい 滑りましたか。
스키–와 난넹구라이 스베리마시따까

㉔ 스노클링 해본 적 있으세요?

シュノーケリングを した 事が ありますか。
슈노–케링구오 시따 꼬또가 아리마스까

 **Let's Talk** 등산과 낚시에 대해

㉕ 저는 후지산을 몇 번 등반했었어요.

私は 富士山に 何回か 登りました。
와따시와 후지산니 난까이까 노보리마시따

㉖ 저는 주말에는 낚시를 가요.

私は 週末は 釣りに 行きます。
와따시와 슈–마쯔와 쯔리니 이끼마스

㉗ 저는 항상 살아 있는 미끼를 사용해요.

私は いつも 生きている 餌を 使います。
와따시와 이쯔모 이끼떼이루 에사오 쯔까이마스

16 day 문화생활 즐기기

Talk! Talk! Japanese!

 영화를 관람할 때

① 어떤 종류의 영화를 좋아하세요?

どんな 種類の 映画が 好きですか。

돈나 슈루이노 에이가가 스키데스까

② 극장에서는 무엇이 상연되고 있나요?

映画館では 何が 上映されて いますか。

에이가깡데와 나니가 죠-에이사레떼 이마스까

③ 7시 영화로 두 장 주세요.

7時の 映画で 2枚 ください。

시찌지노 에이가데 니마이 구다사이

④ 다른 좌석에 발을 올려놓지 마세요.

他の 座席に 足を 乗せないで ください。

호까노 자세끼니 아시오 노세나이데 구다사이

⑤ 이 영화에 출연하는 주연 배우가 좋아요.

この 映画に 出演している 主演俳優が 好きです。

고노 에이가니 슈쯔엔시떼이루 슈엔하이유-가 스키데스

⑥ 그 영화 정말 지루해서 죽을 뻔했어요.

その 映画は 本当に 退屈でした。

소노 에이가와 혼또-니 타이꾸쯔데시따

Let's Talk 음악회에서

⑦ 오늘 저녁에는 누가
연주하나요?

今夜は 誰が 演奏するんですか。
공야와 다레가 엔소-스룬데스까

⑧ 가장 좋아하는 가수
는 누구예요?

一番 好きな 歌手は 誰ですか。
이찌방 스키나 가슈와 다레데스까

⑨ 콘서트에는 가세요?

コンサートには 行きますか。
콘사-또니와 이끼마스까

⑩ 이 밴드 끝내줘요!

この バンドは 最高です。
고노 반도와 사이코-데스

Let's Talk 전시회에서

⑪ 이 그림 어때요?

この 絵画は どうですか。
고노 카이가와 도-데스까

⑫ 인상적인데요. 누가
그린 거예요?

印象的ですね。 誰が 描いたんですか。
인쇼-테끼데스네. 다레가 에가이딴데스까

⑬ 이 그림의 색깔이 맘
에 들어요.

この 絵の 色が 気に 入りました。
고노 에노 이로가 기니 이리마시따

⑭ 연극이 몇 시에 막이
오르나요?

演劇が 何時に 幕を 上げますか。
엔게끼가 난지니 마꾸오 아게마스까

⑮ 좋아하는 남자배우는
누구예요?

好きな 俳優は 誰ですか。
스키나 하이유–와 다레데스까

⑯ 발코니 좌석을 구할
수 있나요?

バルコニー席を 買えますか。
바루코니–세끼오 가에마스까

⑰ 무대 가까이로 좌석
을 얻도록 해보세요.

舞台に 近い 席を 取って ください。
부타이니 치카이 세끼오 돗떼 구다사이

⑱ 마술쇼가 정말 멋졌
어요!

マジックショーは 本当に 格好が よかったです。
마직꾸쇼–와 혼또–니 각꼬–가 요깟따데스

⑲ 저는 열렬한 농구팬
이에요.

私は 熱烈な バスケットボールの ファンです。
와따시와 네쯔레쯔나 바스켓또보–루노 환데스

⑳ 어느 팀을 응원하세
요?

どの チームを 応援しますか。
도노 치–무오 오–엔시마스까

㉑ 그래, 누가 이길 것 같아요?

そう、誰が 勝つと 思いますか。

소-, 다레가 가쯔또 오모이마스까

㉒ 한국 팀이 쉽게 승리했어요.

韓国チームが 圧倒的に 勝利しました。

강꼬꾸치-무가 앗또-테끼니 쇼-리시마시따

㉓ 우리 팀이 2대 0으로 이겼어요.

私たちの チームが ２対０で 勝ちました。

와따시다찌노 치-무가 니다이제로데 가찌마시따

공원이나 놀이공원에서

㉔ 공원에 자전거 길이 있어요.

公園に 自転車道路が あります。

고-엔니 지덴샤도-로가 아리마스

㉕ 토요일 밤에 공원에서 연주회가 있어요

土曜日の 夜に 公園で 演奏会が あります。

도요-비노 요루니 고-엔데 엔소-까이가 아리마스

㉖ 여기는 훌륭한 국립 공원이에요.

ここは すばらしい 国立公園です。

고꼬와 스바라시이 고꾸리쯔고-엔데스

㉗ 모두 탈 수 있는 자유 이용권을 사요!

全部 乗れる フリーチケットを 買いましょう。

젬부 노레루 후리-치켓또오 가이마쇼-

㉘ 무서운 놀이기구는 타고 싶지 않아요.

怖い 乗り物は 乗りたく ありません。

고와이 노리모노와 노리따꾸 아리마셍

다음에 나오는 우리말을 일본어로 말해 보세요.

1. 이번 주 파티에 당신을 초대하고 싶어요.

2. 무슨 일이 있어도 꼭 갈게요.

3. 정말 멋진 파티예요.

4. 두 분 정말 잘 어울리는 한 쌍이에요!

5. 주말에 무슨 계획 있으세요?

6. 저는 영화 보는 걸 좋아해요.

7. 좋아하는 스포츠가 뭐예요?

8. 그 영화 정말 지루해서 죽을 뻔했어요.

9. 이 밴드 끝내줘요!

10. 발코니 좌석을 구할 수 있나요?

정답

1 今週 パーティーに あなたを 招待 したいです。 **2** 何が あっても 必ず 行きます。 **3** 本当に 素敵な パーティーですね。 **4** 二人とも 本当に よく お似合いです。 **5** 週末に 何か 計画は ありますか。 **6** 私は 映画を 見るのが 好きです。 **7** 好きな スポーツは 何ですか。 **8** その 映画は 本当に 退屈 でした。**9** この バンドは 最高です。**10** バルコニー席を 買えますか。

1. 奥様と 一緒に 来て ください。

2. 私が ろうそくを つけますね。

3. 引越しパーティーを するつもりです。

4. 休みの 日には 主に 何を しますか。

5. 特別な 趣味は ありますか。

6. 私は 連続ドラマの ファンです。

7. 最近 ベストセラーですよ。

8. 私は 週末は 釣りに 行きます。

9. 一番 好きな 歌手は 誰ですか。

10. 私は 熱烈な バスケットボールの ファンです。

정답

1 부인도 함께 오세요.　　2 내가 촛불을 켤게요.　　3 집들이 할 거예요.　　4 쉬는 날에는 주로 뭐하세요?　　5 특별한 취미가 있나요?　　6 저는 연속극 팬이에요.　　7 요즘 베스트셀러예요.　　8 저는 주말에는 낚시를 가요.　　9 가장 좋아하는 가수는 누구예요? 10 저는 열렬한 농구팬이에요.

1

넌 내가 좋아하는 타입이야.
お前は 俺が 好きな タイプだ。
오마에와 오레가 스키나 타이뿌다

2

우리 사귀자.
私達 付き合おう。
와따시다찌 쯔끼아오–

3

첫눈에 반했어요.
一目惚れしました。
히또메보레시마시따

4

저 남자 내가 찍었어.
あの男は 私が 狙った。
아노오또꼬와 와따시가 네랏따

5

그냥 친구로 지내요.
ただ 友達として 過ごそう。
타다 도모다찌또시떼 스고소–

6

나 너에게 푹 빠졌어.
お前に すっかり はまった。
오마에니 슥까리 하맛따

7

너 없이는 살 수 없어.
お前なしでは 生きて 行けない。
오마에나시데와 이끼떼 이께나이

8

내 곁에 있어 주세요.
私の そばに いてください。
와따시노 소바니 이떼구다사이

9

영원히 사랑할 거예요.
永遠に 愛します。
에이엥니 아이시마스

10

난 모두 너의 것이야.
私は すべて あなたの ものです。
와따시와 스베떼 아나따노 모노데스

11

나랑 결혼해 줄래?
私と 結婚してくれますか。
와따시또 겍꽁시떼구레마스까

12

나의 아내가 돼 줄래요?
俺の 奥さんに なってくれますか。
오레노 옥상니 낫떼구레마스까

13

그녀는 너무 밝혀.
彼女は とても いやらしい。
가노죠와 도떼모 이야라시이

14

분위기 좀 깨지 마!
雰囲気を 壊すな。
훈이끼오 고와스나

15

안달하게 만들지 마.
いらいらさせないで。
이라이라사세나이데

16

나 바람 맞았어.
私 すっぽかされた。
와따시 습뽀가사레따

관광하기

Let's Talk 관광 정보 수집

❶ 가장 볼 만한 것이 뭔가요?

一番の 見所は 何ですか。
이찌방노 미도꼬로와 난데스까

❷ 가장 유명한 관광명소들은 어디인가요?

一番 有名な 観光名所は どこですか。
이찌방 유-메이나 강꼬-메이쇼와 도꼬데스까

❸ 거기에 꼭 가봐야 할까요?

そこに 必ず 行った ほうが いいですか。
소꼬니 가나라즈 잇따 호-가 이이데스까

❹ 이건 일생에 한번뿐인 기회에요.

これは 一生に 一度だけの 機会です。
고레와 잇쇼-니 이찌도다께노 기까이데스

❺ 거기는 학생할인을 해 주나요?

そこは 学生割引を してくれますか。
소꼬와 각세이와리비끼오 시떼구레마스까

❻ 관광객도 요금을 다 내야 하나요?

観光客も 全額 払わなければ なりませんか。
강꼬-갸꾸모 젠가꾸 하라와나께레바 나리마셍까

 관광안내소 이용할 때

❼ 관광지도 있나요?

観光地図は ありますか。
강꼬-치즈와 아리마스까

❽ 여기서 관광가이드를 고용할 수 있나요?

ここで 観光ガイドを 雇えますか。
고꼬데 강꼬-가이도오 야토에마스까

❾ 좋은 호텔을 소개해 주실 수 있나요?

いい ホテルを 紹介して もらえますか。
이이 호테루오 쇼-까이시떼 모라에마스까

❿ 이 근처에 한국식당 이 있나요?

この 近くに 韓国料理屋は ありますか。
고노 치까꾸니 강꼬꾸료-리야와 아리마스까

 관광 가이드 구할 때

⓫ 가이드가 영어를 할 줄 아나요?

ガイドは 英語を 話せますか。
가이도와 에이고오 하나세마스까

⓬ 제 가이드가 되어 주 실래요?

私の ガイドに なって くれませんか。
와따시노 가이도니 낫떼 구레마셍까

⓭ 몇 군데 데려가 주실 래요?

何箇所か 連れて 行って くれますか。
난까쇼까 쯔레떼 잇떼 구레마스까

관광버스 이용할 때

⑭ 철도박물관 가는 버스는 어느 거예요?

鉄道 博物館へ 行く バスは どれですか。
테쯔도— 하꾸부쯔깡에 이꾸 바스와 도레데스까

⑮ 버스가 몇 시에 출발하나요?

バスは 何時に 出発しますか。
바스와 난지니 슙빠쯔시마스까

⑯ 여행 경비가 얼마나 들까요?

旅行費用は いくらくらい かかりますか。
료꼬—히요—와 이꾸라구라이 가까리마스까

유람선 이용할 때

⑰ 어디서 유람선을 탈 수 있나요?

どこで 遊覧船に 乗れますか。
도꼬데 유—란센니 노레마스까

⑱ 언제 승선하나요?

いつ 乗船できますか。
이쯔 죠—센데끼마스까

⑲ 배 멀미가 날까봐 걱정이에요.

船酔いしてしまうか 心配です。
후나요이시떼시마우까 심빠이데스

⑳ 난간에 기대지 마세요.

手すりに 寄りかからないで ください。
데스리니 요리가까라나이데 구다사이

Let's Talk 케이블카 탈 때

㉑ 케이블카 요금은 얼마예요?

ケーブルカーの 料金は いくらですか。
케-부루카-노 료-낑와 이꾸라데스까

㉒ 꼭대기까지 얼마나 걸려요?

頂上まで どのくらい かかりますか。
쵸-죠-마데 도노구라이 가까리마스까

㉓ 케이블카는 얼마나 빨리 올라가나요?

ケーブルカーは どれくらい 速く 上りますか。
케-부루카-와 도레구라이 하야꾸 노보리마스까

㉔ 정말 아름다운 경치군요!

本当に 美しい 景色ですね。
혼또-니 우쯔꾸시이 케시끼데스네

Let's Talk 기념사진 찍을 때

㉕ 사진 좀 찍어주시겠어요?

ちょっと 写真を 撮って いただけますか。
춋또 샤싱오 돗떼 이따다께마스까

㉖ 여기서 사진 찍어도 될까요?

ここで 写真を 撮っても いいですか。
고꼬데 샤싱오 돗떼모 이이데스까

㉗ 이 사진을 확대하고 싶어요.

この 写真を 拡大 したいです。
고노 샤싱오 가꾸다이 시따이데스

18 day 렌터카&자동차 이용

Talk! Talk! Japanese!

 차를 렌트할 때

❶ 차를 한 대 빌리고 싶어요.
車を 一台 借りたいです。
구루마오 이찌다이 가리따이데스

❷ 소형차가 있나요?
軽自動車は ありますか。
케-지도-샤와 아리마스까

❸ 일주일 요금은 얼마인가요?
一週間の 料金は いくらですか。
잇슈-깡노 료-낑와 이꾸라데스까

❹ 차를 어디에 반납해야 하나요?
車を どこに 返却すれば いいですか。
구루마오 도꼬니 헹캬꾸스레바 이이데스까

 자동차 운전할 때

❺ 안전벨트를 매셨어요?
シートベルトを 締めましたか。
시-또베루또오 시메마시따까

⑥ 히터 좀 꺼 주시겠어요?

ヒーターを ちょっと 消して いただけますか。

히-타-오 춋또 게시떼 이따다게마스까

---

⑦ 길이 너무 막혔어요.

道が とても 混んでいました。

미찌가 도떼모 곤데이마시따

---

⑧ 차 좀 빼 주세요.

車を ちょっと 出して ください。

구루마오 춋또 다시떼 구다사이

---

⑨ 대신 운전 좀 해 주시겠어요?

代わりに 運転して いただけますか。

가와리니 운뗑시떼 이따다께마스까

차 수리나 점검을 문의할 때

---

⑩ 차량 점검을 받고 싶어요.

車の 点検を 受けたいです。

구루마노 텐켕오 우께따이데스

---

⑪ 차를 고치는 데 얼마나 걸리나요?

車を 直すのに いくらくらい かかりますか。

구루마오 나오스노니 이꾸라구라이 가까리마스까

---

⑫ 브레이크를 점검하는 데 비용이 얼마나 드나요?

ブレーキを 点検するのに いくらくらい かかりますか。

브레-끼오 텐껭스루노니 이꾸라구라이 가까리마스까

---

⑬ 전화로 견적을 알려 주시겠어요?

電話で 見積もりを 教えていただけますか。

뎅와데 미쯔모리오 오시에떼이따다께마스까

 카센터에서 수리할 때

⑭ 차에서 이상한 소리
가 나요.

くるま　へん　おと
車から 変な 音が します。
구루마까라 헨나 오또가 시마스

⑮ 타이어가 펑크 났
어요.

タイヤが パンクしました。
타이야가 팡꾸시마시따

⑯ 와이퍼를 바꿔야겠
어요.

こうかん
ワイパーを 交換しなければ なりません。
와이파—오 고—깡시나께레바 나리마셍

⑰ 계속 시동이 꺼져요.

ずっと エンジンが かかりません。
즛또 엔징가 가까리마셍

 주차할 때

⑱ 여기에 주차해도 될
까요?

ちゅうしゃ
ここに 駐車しても いいですか。
고꼬니 츄—샤시떼모 이이데스까

⑲ 이곳은 유료 주차장
이에요.

ゆうりょう　ちゅうしゃじょう
ここは 有料の 駐車場です。
고꼬와 유—료—노 츄—샤죠—데스

⑳ 주차요금은 시간당
얼마인가요?

ちゅうしゃりょうきん　いちじかんごと
駐車料金は 1時間毎に いくらですか。
츄—샤료—낑와 이찌지깡고또니 이꾸라데스까

 **Let's Talk** 주유소에서 기름을 넣을 때

㉑ 기름이 다 떨어져 가
고 있어요.

ガソリンが 無くなりそうです。
가소링가 나꾸나리소–데스

㉒ 휘발유를 가득 채워
주세요.

ガソリンを 満タンに 入れて ください。
가소링오 만탕니 이레떼 구다사이

㉓ 이곳은 셀프서비스
주유소입니다.

ここは セルフサービスの ガソリンスタンドです。
고꼬와 세루후사–비스노 가소링스탄도데스

 **Let's Talk** 주유소 서비스 이용

㉔ 오일을 점검해 주시
겠어요?

オイルを 点検して いただけますか。
오이루오 텐껭시떼 이따다께마스까

㉕ 부동액을 점검해 주
세요.

不凍液を 点検して ください。
후토–에끼오 뎅껭시떼 구다사이

㉖ 여기서 세차해 주나
요?

ここで 洗車できますか。
고꼬데 센샤데끼마스까

㉗ 앞 유리 좀 닦아 주시
겠어요?

前の 窓を ちょっと 拭いて いただけますか。
마에노 마도오 춋또 후이떼 이따다께마스까

택시와 대중교통

Talk! Talk! Japanese!

택시를 이용할 때

❶ 하얏트호텔까지 가 주세요.

ハイアットホテルまで 行って ください。

하이얏또호테루마데 잇떼 구다사이

❷ 이 주소에서 내려주시겠어요?

この 住所で 降ろして くれませんか。

고노 쥬―쇼데 오로시떼 구레마셍까

❸ 트렁크를 열어 주시겠어요?

トランクを 開けて いただけますか。

토랑꾸오 아께떼 이따다께마스까

❹ 공항까지 가는 데 얼마나 걸릴까요?

空港まで 行くのに どのくらい かかりますか。

쿠―코―마데 이꾸노니 도노구라이 가까리마스까

❺ 바쁜데 좀 빨리 가 주세요.

急いでいるので ちょっと 速く 行って ください。

이소이데이루노데 춋또 하야꾸 잇떼 구다사이

❻ 여기 있습니다. 거스름돈은 필요없어요.

ここに あります。 おつりは いらないです。

고꼬니 아리마스. 오쯔리와 이라나이데스

콜택시를 이용할 때

⑦ 콜택시 전화번호 아
는 거 있으세요?

コールタクシー会社の 電話番号は ありますか。
코-루타꾸시- 가이샤노 뎅와방고-와 아리마스까

⑧ 택시 한 대를 즉시 보
내주시겠어요?

タクシーを 一台 すぐ お願いできますか。
타꾸시-오 이찌다이 스구 오네가이데끼마스까

⑨ 알겠습니다. 지금 계
신 곳이 어디신가요?

分かりました。今 どちらへ いらっしゃいますか。
와까리마시따. 이마 도찌라에 이랏샤이마스까

⑩ 택시가 아직 안 왔
어요.

タクシーが まだ 来ません。
타꾸시-가 마다 기마셍

장거리버스 이용할 때

⑪ 그 버스의 좌석을 예
약할게요.

その バスの 座席を 予約します。
소노 바스노 자세끼오 요야꾸시마스

⑫ 시간표를 좀 봐도 될
까요?

時間表を ちょっと 見ても いいですか。
지깡효-오 춋또 미떼모 이이데스까

⑬ 버스는 얼마나 자주
오나요?

バスは どれくらいの 間隔で 来ますか。
바스와 도레구라이노 강까꾸데 기마스까

⑭ 도쿄타워엔 몇 번 버스가 가나요?

東京タワーには 何番バスが 行きますか。
도-쿄-타와-니와 남방바스가 이끼마스까

⑮ 이 버스 시내에 가나요?

この バスは 市内に 行きますか。
고노 바스와 시나이니 이끼마스까

⑯ 버스 요금은 얼마인가요?

バスの 料金は いくらですか。
바스노 료-낑와 이꾸라데스까

⑰ 시청에 가려면 어디서 내려야 하나요?

市庁に 行くには どこで 降りればいいですか。
시쵸-니 이꾸니와 도꼬데 오리레바이이데스까

⑱ 버스를 잘못 탄 것 같아요.

バスを 間違えて 乗ったみたいです。
바스오 마찌가에떼 놋따미따이데스

⑲ 지하철로 시청에 가려면 어떻게 가나요?

地下鉄で 市庁へ 行くには どう 行けばいいですか。
치카테쯔데 시쵸-에 이꾸니와 도- 이께바이이데스까

⑳ 표는 어디에서 사는 건가요?

切符は どこで 買うんですか。
깁뿌와 도꼬데 가운데스까

㉑ 무슨 선으로 갈아타
야 하나요?

何線に　乗り換えればいいですか。
나니센니 노리까에레바 이이데스까

㉒ 공항에 가려면 어느
출구로 나가야 합니까?

空港に　行くには　どの　出口から　出ればいいですか。
쿠―코―니 이꾸니와 도노 데구찌까라 데레바이이데스까

기차를 이용할 때

㉓ 특급열차가 있나요?

特急列車は　ありますか。
돗뀨―렛샤와 아리마스까

㉔ 오사까행 기차표를
예매하고 싶은데요.

大阪行きの　切符を　買いたいんですが。
오―사까유끼노 깁뿌오 가이따인데스가

㉕ 왕복 운임은 얼마인
가요?

往復運賃は　いくらですか。
오―후꾸운찡와 이꾸라데스까

㉖ 이곳이 신주쿠역으로
가는 플랫폼이 맞나요?

ここは　新宿駅に　行く　プラットホームですか。
고꼬와 신쥬꾸에끼니 이꾸 푸랏또호―무데스까

㉗ 우리가 탈 기차가 30
분 연착됐어요.

私たちが　乗る　汽車が　３０分　遅れました。
와따시다찌가 노루 키샤가 산줍뿡 오꾸레마시따

㉘ 식당차가 어디에 있
나요?

食堂車は　どこに　ありますか。
쇼꾸도―샤와 도꼬니 아리마스까

컴퓨터와 사무기기 이용

Talk! Talk! Japanese!

컴퓨터나 인터넷을 사용할 때

❶ 새로운 프로그램 설 치했어요?

新しい プログラムを 設置しましたか。
아타라시이 푸로구라무오 셋치시마시따까

❷ 이 프로그램을 다운 로드 받고 싶어요.

この プログラムを ダウンロード したいです。
고노 푸로구라무오 다운로―도 시따이데스

❸ 메신저를 할 수 있나 요?

メッセンジャーは できますか。
멧센자―와 데끼마스까

❹ 인터넷에 접속이 안 됩니다.

インターネットに 接続が できません。
인타―넷또니 세쯔조꾸가 데끼마셍

❺ 제 홈페이지를 만들 까 생각하고 있어요.

私の ホームページを 作ろうと 思っています。
와따시노 호―무페―지오 쯔꾸로―또 오못떼이마스

❻ 백업 파일을 만들어 뒀어요?

バックアップ ファイルを 作って 置きましたか。
박꾸압뿌 화이루오 쯔꿋떼 오끼마시따까

 **Let's Talk** 문서를 저장할 때

❼ 자료를 저장하셨나요?

資料を 保存しましたか。
시료-오 호존시마시따까

❽ CD에 백업해 놨어요.

CDに バックアップして 置きました。
씨디니 박꾸압뿌시떼 오끼마시따

❾ 그것을 제 USB메모리에 복사해 주세요.

それを 私の USBメモリーに コピーして ください。
소레오 와따시노 유-에스비-메모리-니 코피-시떼 구다사이

❿ 이 파일을 하드디스크에 저장해 주세요.

この ファイルを ハードディスクに 保存して ください。
고노 화이루오 하-도디스꾸니 호존시떼 구다사이

 **Let's Talk** 컴퓨터에 입력된 자료를 찾을 때

⓫ 어디 폴더에 저장시키셨어요?

どこの フォルダーに 保存しましたか。
도꼬노 훠루다-니 호존시마시따까

⓬ 파일 이름을 뭐라고 지정했어요?

ファイルの 名前を 何と 保存しましたか。
화이루노 나마에오 난또 호존시마시따까

⓭ 그 이름으로 저장한 게 확실한가요?

その 名前で 保存したのは 確かですか。
소노 나마에데 호존시따노와 타시카데스까

Let's Talk 문서를 출력할 때

⑭ 이 파일을 인쇄하고 싶어요.
この ファイルを 印刷^{いんさつ}したいです。
고노 화이루오 인사쯔시따이데스

⑮ 이 서류를 인쇄해야 해요.
この 書類^{しょるい}を 印刷^{いんさつ}しなければ なりません。
고노 쇼루이오 인사쯔시나께레바 나리마셍

⑯ 이 문서를 다섯 장씩 출력해 주세요.
この 文書^{ぶんしょ}を 5枚^{ごまい}ずつ プリントして ください。
고노 분쇼오 고마이즈쯔 푸린또시떼 구다사이

⑰ 흑백 출력밖에 안 돼요.
白黒^{しろくろ}プリントしか できません。
시로쿠로푸린또시까 데끼마셍

Let's Talk 자료 손실이나 컴퓨터에 이상이 있을 때

⑱ 제가 실수로 자료를 모두 지워버렸어요.
私^{わたし}が 間違^{まちが}って 資料^{しりょう}を 全部^{ぜんぶ} 消^けして しまいました。
와따시가 마찌갓떼 시료-오 젬부 게시떼 시마이마시따

⑲ 데이터를 다 잃어버린 것 같아요.
データを 全部^{ぜんぶ} なくして しまったようです。
데-타오 젬부 나꾸시떼 시맛따요-데스

⑳ 인쇄는 해 두었나요?
印刷^{いんさつ}して 置^おきましたか。
인사쯔시떼 오끼마시따까

㉑ 프린터가 고장이에요.

プリンターが 壊れています。

푸린타–가 고와레떼이마스

㉒ 컴퓨터가 완전히 고장 난 것 같아요.

パソコンが 完全に 故障した みたいです。

파소콘가 간젠니 코쇼–시따 미따이데스

㉓ 컴퓨터에 시스템 장애가 있어요.

パソコンに システム障害が あります。

파소콘니 시스테무쇼–가이가 아리마스

Let's Talk 복사기나 팩스 이용

㉔ 종이를 어떤 식으로 넣어야 하나요?

紙を どのように 入れれば いいですか。

가미오 도노요–니 이레레바 이이데스까

㉕ 양면으로 복사해 주세요.

両面に コピーして ください。

료–멘니 코피–시떼 구다사이

㉖ 복사기에 종이가 걸렸어요.

コピー機に 紙が つまってしまいました。

코피–키니 가미가 쯔맛떼시마이마시따

㉗ 그 서류를 팩스로 보내주세요.

その 書類を ファックスで 送って ください。

소노 쇼루이오 확꾸스데 오꿋떼 구다사이

㉘ 당신 팩스를 아직 받지 못했어요.

あなたの ファックスは まだ もらっていません。

아나따노 확꾸스와 마다 모랏떼이마셍

1. 가장 볼 만한 것이 뭔가요?

2. 관광지도 있나요?

3. 가이드가 영어를 할 줄 아나요?

4. 정말 아름다운 경치군요!

5. 사진 좀 찍어주시겠어요?

6. 차를 한 대 빌리고 싶어요.

7. 여기에 주차해도 될까요?

8. 이 주소에서 내려주시겠어요?

9. 버스를 잘못 탄 것 같아요.

10. 인터넷에 접속이 안 됩니다.

정답

1 一番の 見所は 何ですか。 **2** 観光地図は ありますか。 **3** ガイドは 英語を 話せますか。 **4** 本当に 美しい 景色ですね。 **5** ちょっと 写真を 撮って いただけますか。 **6** 車を 一台 借りたいです。 **7** ここに 駐車しても いいですか。 **8** この 住所で 降ろして くれません か。 **9** バスを 間違えて 乗ったみたいです。 **10** インターネットに 接続が できません。

1. 船酔いしてしまうか 心配です。

2. 車を ちょっと 出して ください。

3. ここは 有料の 駐車場です。

4. ガソリンを 満タンに 入れて ください。

5. トランクを 開けて いただけますか。

6. 何線に 乗り換えればいいですか。

7. 特急列車は ありますか。

8. CDに バックアップして 置きました。

9. この ファイルを 印刷したいです。

10. コピー機に 紙が つまってしまいました。

정답

1 배 멀미가 날까봐 걱정이에요.　2 차 좀 빼 주세요.　3 이곳은 유료 주차장이에요.
4 휘발유를 가득 채워 주세요.　5 트렁크를 열어 주시겠어요?　6 무슨 선으로
갈아타야 하나요?　7 특급열차가 있나요?　8 CD에 백업해 놨어요.　9 이 파일을
인쇄하고 싶어요.　10 복사기에 종이가 걸렸어요.

1

세상 참 좁군요!
世の中 狭いですね。
요노나까 세마이데스네

2

친구 좋다는 게 뭐겠어요?
何のための 友達。
난노다메노 도모다찌

3

당신에겐 내가 있잖아요.
あなたには 私が いるじゃないですか。
아나따니와 와따시가 이루쟈나이데스까

4

얼굴에 철판을 깔았군.
面の 皮が 厚い。
쯔라노 가와가 아쯔이

5

아이들은 싸우면서 크는 거야.
子供たちは 喧嘩を しながら 大きくなるんだよ。
고도모다찌와 겡까오 시나가라 오-끼꾸나룬다요

6

버스는 이미 지나갔어.
チャンスを 逃したよ。
찬스오 노가시따요

7

날 좀 가만히 내버려 둬!
私を ちょっと 放っておいて。
와따시오 춋또 호웃떼오이떼

8

짜증나!
むかつく。
무카쯔구

9

시간 낭비하지 마라!

時間を 無駄に するな。
지깡오 무다니 스루나

10

막 하려던 참이었어요!

ちょうど しようと していたところだったです。
쵸-도 시요-또 시떼이따또꼬로닷따데스

11

오늘 시간 널널해요.

今日 ひまです。
교- 히마데스

12

지루해서 죽는 줄 알았어!

退屈で たまらなかった。
타이꾸쯔데 타마라나깟따

13

빈둥거리지 좀 마!

ぶらぶらするな。
부라부라스루나

14

그 사람 임자 만났군!

その人 ぴったりの 相手に 会ったね。
소노히또 삣따리노 아이테니 앗따네

15

저도 좀 끼워 주세요.

私も ちょっと 入れて ください。
와따시모 춋또 이레떼 구다사이

16

사랑이 식었군요.

愛が 冷めましたね。
아이가 사메마시따네

TALK! TALK!
JAPANESE!

day 21 우체국에서 day 22 은행에서

day 23 쇼핑센터에서 day 24 식당에서

day 25 편의&오락시설 이용 day 26 병원&약국에서

day 27 세탁소에서 day 28 미용실에서

day 29 부동산중개소에서 day 30 경찰서&공공기관에서

3

장소 표현

21 day

우체국에서

Let's Talk 우편요금에 대해서

❶ 어디에서 우표를 살 수 있나요?

どこで 切手を 買えますか。
도꼬데 긷떼오 가에마스까

❷ 일본까지 우편요금은 얼마나 되나요?

日本までの 郵便料金は いくらですか。
니혼마데노 유-빙료-낑와 이꾸라데스까

❸ 우표 한 장 주세요.

切手を 一枚 ください。
긷떼오 이찌마이 구다사이

❹ 우편요금은 무게에 따라 달라져요.

郵便料金は 重さに よって 違ってきます。
유-빙료-낑와 오모사니 욧떼 치갓떼기마스

Let's Talk 보통 우편물 보낼 때

❺ 이 편지를 부치고 싶어요.

この 手紙を 出したいです。
고노 데가미오 다시따이데스

⑥ 이 편지를 항공편으로 보내주세요.

この 手紙を 航空便で 送って ください。

고노 데가미오 코-쿠-빙데 오꿋떼 구다사이

⑦ 이 편지를 빠른우편으로 부치고 싶어요.

この 手紙を 速い 郵便で 出したいです。

고노 데가미오 하야이 유-빙데 다시따이데스

⑧ 이 편지를 어디로 보내실 건가요?

この 手紙を どこへ 送るんですか。

고노 데가미오 도꼬에 오꾸룬데스까

⑨ 미국으로 편지를 보내고 싶어요.

アメリカに 手紙を 送りたいです。

아메리카니 데가미오 오꾸리따이데스

Let's Talk 등기 우편물 보낼 때

⑩ 이 편지를 등기로 보내고 싶어요.

この 手紙を 書留で 送りたいです。

고노 데가미오 가키토메데 오꾸리따이데스

⑪ 등기로 부치면 얼마인가요?

書留で 出したら いくらですか。

가키토메데 다시따라 이꾸라데스까

⑫ 도착하려면 얼마나 걸리나요?

到着するまでに どのくらい かかりますか。

도-챠꾸스루마데니 도노구라이 가까리마스까

⑬ 익일 배송 비용은 얼마인가요?

翌日配送は いくらですか。

요꾸지쯔하이소-와 이꾸라데스까

⑭ 이 소포를 항공편으로 보내고 싶어요.

この 小包を 航空便で 送りたいです。
고노 고즈쯔미오 코-쿠-빙데 오꾸리따이데스

⑮ 이 소포를 한국으로 보내고 싶어요.

この 小包を 韓国に 送りたいです。
고노 고즈쯔미오 강꼬꾸니 오꾸리따이데스

⑯ 이 소포 중량을 달아 주시겠어요?

この 小包の 重さを 量ってくれますか。
고노 고즈쯔미노 오모사오 하캇떼구레마스까

⑰ 소포 안의 내용물이 무엇인가요?

小包の 中の 内容物は 何ですか。
고즈쯔미노 나까노 나이요-부쯔와 난데스까

⑱ 깨지는 물건은 없어요.

割れる 物は ないです。
와레루 모노와 나이데스

⑲ 만일을 위해서 소포를 보험에 들어주세요.

万一の ために 小包に 保険を 掛けて ください。
만이찌노 타메니 고즈쯔미니 호껭오 가께떼 구다사이

⑳ 급전을 치고 싶어요.

至急電報を 打ちたいです。
시큐-뎀뽀-오 우찌따이데스

㉑ 감사 전보를 보내고
싶어요.

感謝の 電報を 送りたいです。
간샤노 뎀뽀-오 오꾸리따이데스

㉒ 메시지를 적어 주시
겠어요?

メッセージを 書いて いただけますか。
멧세-지오 가이떼 이따다께마스까

㉓ 우편환으로 10만엔
를 부치고 싶어요.

郵便為替で 10万円を 送りたいです。
유-빙카와세데 쥬-만엥오 오꾸리따이데스

㉔ 송금 수수료가 얼마
인가요?

送金手数料は いくらですか。
소-낑테스-료-와 이꾸라데스까

Let's Talk 기타 문의사항이 있을 때

㉕ 이것이 등기우편 양
식인가요?

これは 書留郵便の 様式ですか。
고레와 가키토메유-빙노 요-시끼데스까

㉖ 기념우표 있나요?

記念切手は ありますか。
기넹긷떼와 아리마스까

㉗ 빈 사서함이 있나요?

空いている 私書箱は ありますか。
아이떼이루 시쇼바꼬와 아리마스까

㉘ 제게 온 소포가 있을
거예요.

私に 来た 小包が ある はずです。
와따시니 기따 고즈쯔미가 아루 하즈데스

22 day 은행에서

 **Let's Talk** 입금이나 출금할 때

❶ 입금하러 왔는데요.

入金しに 来ました。

뉴-낑시니 기마시따

---

❷ 이 수표를 어떻게 입금하나요?

この 小切手を どう 入金すれば いいですか。

고노 고긷떼오 도- 뉴-낑스레바 이이데스까

---

❸ 돈을 인출하고 싶어요.

お金を 引き出したいです。

오까네오 히끼다시따이데스

---

❹ 돈을 어떻게 드릴까요?

お金を どのように お渡し しましょうか。

오까네오 도노요-니 오와타시 시마쇼-까

---

❺ 계좌 번호가 어떻게 되세요?

口座番号は 何番ですか。

코-자방고-와 난방데스까

---

❻ 자동 이체할 수 있나요?

自動振込み できますか。

지도-후리꼬미 데끼마스까

 **Let's Talk** 환전할 때

⑦ 환전해 주세요.

両替して ください。
료-가에시떼 구다사이

⑧ 원화를 엔화로 바꾸고 싶어요.

ウォンを 円に 換えたいです。
웡오 엔니 가에따이데스

⑨ 오늘 환율이 어떻게 되나요?

今日の レートは どうなっていますか。
교-노 레-또와 도-낫떼이마스까

⑩ 수수료는 얼마인가요?

手数料は いくらですか。
테스-료-와 이꾸라데스까

 **Let's Talk** 지폐나 잔돈으로 바꿀 때

⑪ 이 천엔을 잔돈으로 바꿔주시겠어요?

この 千円を 小銭に 換えて くれますか。
고노 센엥오 고제니니 카에떼 구레마스까

⑫ 이것을 동전으로 바꿔주시겠어요?

これを 小銭に 換えて くれませんか。
고레오 고제니니 카에떼 구레마셍까

⑬ 이 수표를 현금으로 바꿀 수 있나요?

この 小切手を 現金に 換えれますか。
고노 고깃떼오 겡낑니 카에레마스까

 계좌를 개설하거나 해지할 때

⑭ 계좌를 개설하고 싶어요.

口座を 開設したいです。
고-자오 카이세쯔시따이데스

⑮ 보통예금 계좌를 부탁해요.

普通預金 口座を お願いします。
후쯔-요낑 고-자오 오네가이시마스

⑯ 계좌를 개설하려면 무엇이 필요한가요?

口座を 開設するには 何が 必要ですか。
고-자오 카이세쯔스루니와 나니가 히쯔요-데스까

⑰ 이자는 어떻게 되나요?

利子は どうなりますか。
리시와 도-나리마스까

⑱ 계좌를 해지하고 싶어요.

口座を 解約 したいです。
고-자오 가이야꾸 시따이데스

 카드 신청과 사용할 때

⑲ 신용카드를 신청하고 싶어요.

クレジットカードを 申し込みたいです。
쿠레짓또카-도오 모-시꼬미따이데스

⑳ 현금카드를 만들고 싶어요.

キャッシュカードを 作りたいです。
캿슈카-도오 쯔꾸리따이데스

㉑ 개인비밀번호를 만드
시겠어요?

個人の　暗証番号を　作りますか。
고진노 안쇼-방고-오 쯔꾸리마스까

㉒ 현금 서비스를 받을
수 있을까요?

キャッシングサービスが　利用できますか。
캿싱구사-비스가 리요-데끼마스까

㉓ 현금 인출 한도가 어
떻게 되나요?

現金の　お引き出し限度額は　どうなりますか。
겡낑노 오히끼다시 겐도가꾸와 도-나리마스까

대출을 받을 때

㉔ 대출을 신청하고 싶
어요.

ローンを　組みたいです。
로-옹오 구미따이데스

㉕ 대출 이자는 어떻게
되나요?

ローンの　金利は　どうなりますか。
로-옹노 긴리와 도-나리마스까

㉖ 신용 보증인이 있으
세요?

連帯保証人は　いますか。
렌따이호쇼-닝와 이마스까

㉗ 얼마를 대출하실 건
가요?

いくら　借りますか。
이꾸라 가리마스까

㉘ 주택 융자를 받을 수
있을까요?

住宅融資を　受ける　事は　できますか。
쥬-타꾸유-시오 우께루 꼬또와 데끼마스까

23 day 쇼핑센터에서

Let's Talk 매장 위치를 찾거나 둘러볼 때

❶ 가전제품 매장은 어디에 있나요?

かでんせいひんうりば
家電製品売場は どこに ありますか。
가덴세-힝우리바와 도꼬니 아리마스까

❷ 벼룩시장은 어디서 열리고 있나요?

フリーマーケットは どこで 開いていますか。
후리-마-켓또와 도꼬데 히라이떼이마스까

❸ 저는 여기 단골이에요.

わたし
私は ここが 行きつけです。
와따시와 고꼬가 이끼쯔께데스

❹ 그냥 둘러보는 거예요.

み
ただ 見ているだけです。
타다 미떼이루다께데스

Let's Talk 영업시간과 세일 문의

❺ 영업시간이 어떻게 되나요?

えいぎょうじかん
営業時間は どうなって いますか。
에이교-지깡와 도-낫떼 이마스까

⑥ 주말에도 문을 여세요?

週末にも 開いていますか。
슈-마쯔니모 아이떼이마스까

⑦ 이것은 세일 중인가요?

これは セール中ですか。
고레와 세-루츄-데스까

⑧ 얼마나 할인이 되나요?

いくら 割引されますか。
이꾸라 와리비끼 사레마스까

상품을 고를 때

⑨ 같은 디자인으로 다른 색상이 있나요?

同じ デザインで 他の 色は ありますか。
오나지 데자잉데 호까노 이로와 아리마스까

⑩ 좀 더 큰 것이 있나요?

もう 少し 大きいものは ありますか。
모- 스코시 오오끼이모노와 아리마스까

⑪ 다른 걸로 보여주시겠어요?

他の 物も 見せてもらえますか。
호까노 모노모 미세떼모라에마스까

⑫ 이것은 가죽으로 만들어졌나요?

これは 革で できていますか。
고레와 가와데 데끼떼이마스까

⑬ 이것은 도금 처리한 건가요?

これは メッキ処理してあるんですか。
고레와 멕끼쇼리 시떼아룬데스까

가격 흥정과 계산할 때

⑭ 이것은 얼마인가요?

これは いくらですか。
고레와 이꾸라데스까

⑮ 모두 얼마입니까?

全部で いくらですか。
젬부데 이꾸라데스까

⑯ 제가 생각했던 것보다 비싸요.

私が 思っていたより 高いです。
와따시가 오못떼이따요리 다까이데스

⑰ 좀 깎아 주시겠어요?

ちょっと おまけ してくれませんか。
춋또 오마께 시떼꾸레마셍까

⑱ 바가지 씌우는 건 아니겠죠?

ぼったくられて いるのでは ないですよね。
봇타꾸라레떼 이루노데와 나이데스요네

⑲ 카드로 계산하겠어요.

カードで 払います。
카ー도데 하라이마스

⑳ 할부로 되나요?

分割払い できますか。
분까쯔바라이 데끼마스까

㉑ 정말 만족스러운 구매였어요.

本当に 満足いく 買い物でした。
혼또ー니 만조꾸이꾸 가이모노데시따

Let's Talk 포장이나 배달 문의

㉒ 선물 포장해 주실 수 있나요?
包装して くれますか。
^{ほうそう}
호-소-시떼 구레마스까

㉓ 배달해 주시겠어요?
出前を してくれますか。
^{でまえ}
데마에오 시떼구레마스까

㉔ 이 주소로 보내 주세요.
この 住所に 届けて ください。
^{じゅうしょ} ^{とど}
고노 쥬-쇼니 도도께떼 구다사이

Let's Talk 교환이나 환불할 때

㉕ 다른 것으로 교환하고 싶어요.
他の 物に 交換したいです。
^{ほか} ^{もの} ^{こうかん}
호까노 모노니 고-깡시따이데스

㉖ 다른 색으로 바꿔주세요.
他の 色に 変えて ください。
^{ほか} ^{いろ} ^か
호까노 이로니 가에떼 구다사이

㉗ 이것을 환불하고 싶어요.
これを 払い戻し したいです。
^{はら} ^{もど}
고레오 하라이모도시 시따이데스

㉘ 영수증은 여기에 있어요.
領収書は ここに あります。
^{りょうしゅうしょ}
료-슈-쇼와 고꼬니 아리마스

다음에 나오는 우리말을 일본어로 말해 보세요.

1. 이 소포를 한국으로 보내고 싶어요.

2. 감사 전보를 보내고 싶어요.

3. 돈을 인출하고 싶어요.

4. 원화를 엔화로 바꾸고 싶어요.

5. 계좌를 개설하고 싶어요.

6. 저는 여기 단골이에요.

7. 그냥 둘러보는 거예요.

8. 다른 걸로 보여주시겠어요?

9. 좀 깎아 주시겠어요?

10. 카드로 계산하겠어요.

정답

1 この 小包を 韓国に 送りたいです。 **2** 感謝の 電報を 送りたいです。 **3** お金を 引き出したいです。 **4** ウォンを 円に 換えたいです。 **5** 口座を 開設したいです。 **6** 私は ここが 行きつけです。 **7** ただ 見ているだけです。 **8** 他の 物も 見せてもらえますか。 **9** ちょっと おまけ してくれませんか。 **10** カードで 払います。

1. どこで 切手を 買えますか。

2. この 手紙を 出したいです。

3. 記念切手は ありますか。

4. クレジットカードを 申し込みたいです。

5. キャッシュカードを 作りたいです。

6. これは セール中ですか。

7. いくら 割引されますか。

8. 私が 思っていたより 高いです。

9. 本当に 満足いく 買い物でした。

10. 他の 物に 交換したいです。

● 정답

1 어디에서 우표를 살 수 있나요?   2 이 편지를 부치고 싶어요.   3 기념우표 있나요?
4 신용카드를 신청하고 싶어요.   5 현금카드를 만들고 싶어요.   6 이것은 세일
중인가요?   7 얼마나 할인이 되나요?   8 제가 생각했던 것보다 비싸요.   9 정말
만족스러운 구매였어요.   10 다른 것으로 교환하고 싶어요.

1

맛이 밋밋해.
味が うすい。
아지가 우스이

2

김이 빠졌어.
気が 抜けた。
기가 누께다

3

국물 맛이 시원하군!
つゆの 味が さっぱりしていますね。
쯔유노 아지가 삽빠리시떼이마스네

4

밥이 질어.
ご飯が 水っぽい。
고항가 미즙뽀이

5

양파는 빼고 주세요.
玉ねぎは 抜いて ください。
다마네기와 누이떼 구다사이

6

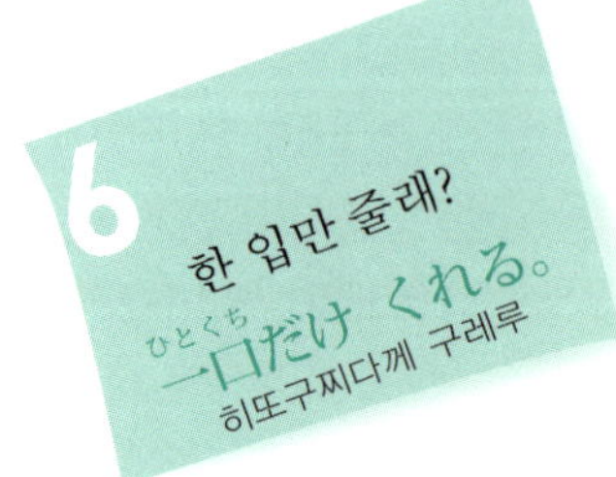

한 입만 줄래?
一口だけ くれる。
히또구찌다께 구레루

7

배가 꽉 찼어!
お腹が 一杯。
오나까가 입빠이

8

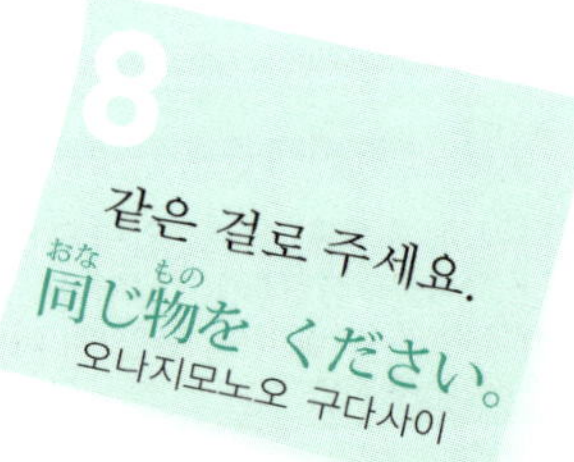

같은 걸로 주세요.
同じ物を ください。
오나지모노오 구다사이

9

곧 됩니다!

すぐ できます。

스구 데끼마스

10

무료 서비스입니다.

無料サービスです。

무료-사-비스데스

11

나는 프랑스요리 좋아해.

私は フランス料理が 好き。

와따시와 후랑스료-리가 스키

12

나는 채식주의야.

私は ベジタリアンだよ。

와따시와 베지타리안다요

13

너 요리를 하니?

料理は できる。

료-리와 데끼루

14

완전히 익혀주세요.

ウェルダンで 焼いて ください。

웨루단데 야이떼 구다사이

15

중간 정도 익혀주세요.

ミディアムで 焼いて ください。

미디아무데 야이떼 구다사이

16

빵을 좀 더 갖다 주세요.

パンを もう少し ください。

빵오 모-스코시 구다사이

24 day 식당에서

 **Let's Talk** 식당을 예약할 때

① 5명의 자리 좀 예약 해 주시겠어요?

5人の席を 予約したいのですが。
고닝노 세끼오 요야꾸 시따이노데스가

② 저녁 8시에 예약하고 싶은데요.

夜8時に 予約したいんですけど。
요루 하찌지니 요야꾸 시따인데스께도

③ 7시에 두 사람 예약 했어요.

7時に 二人 予約しました。
시찌지니 후따리 요야꾸시마시따

④ 근처에 한국 식당이 있나요?

近くに 韓国料理屋は ありますか。
치카꾸니 강꼬꾸료−리야와 아리마스까

 **Let's Talk** 식당의 자리 안내

⑤ 7시에 예약했는데요.

7時に 予約したんですが。
시찌지니 요야꾸 시딴데스가

⑥ 창가 쪽 테이블에 앉을 수 있을까요?

窓側の テーブル席に 座ることは できますか。

마도가와노 테–브루세끼니 스와루꼬또와 데끼마스까

⑦ 더 큰 테이블은 없나요?

もっと 大きい テーブルは ありませんか。

못또 오–끼이 테–브루와 아리마셍까

⑧ 일행이 몇 분이십니까?

お連れ様は 何名様ですか。

오쯔레사마와 난메–사마데스까

Let's Talk 음식을 주문할 때

⑨ 오늘의 특별 요리가 있나요?

今日の 特別料理は ありますか。

교–노 도꾸베쯔료–리와 아리마스까

⑩ 이 집에서 잘하는 게 뭔가요?

この 店の お勧めは 何ですか。

고노 미세노 오스스메와 난데스까

⑪ 가장 빨리 되는 요리가 뭔가요?

一番 早く 出せる 料理は 何ですか。

이찌방 하야꾸 다세루 료–리와 난데스까

⑫ 이것을 주세요.

これを ください。

고레오 구다사이

⑬ 같은 것으로 부탁해요.

同じ 物で お願いします。

오나지 모노데 오네가이시마스

Let's Talk 주문이나 음식에 이상이 있을 때

⑭ 저는 다 익힌 스테이크를 주문했는데요.
私は ウエルダンを 注文したんですけど。
와따시와 웨루당오 츄―몽시딴데스께도

⑮ 이것은 제가 주문한 게 아닌데요.
これは 私が 注文した 物では ないんですが。
고레와 와따시가 츄―몽시따 모노데와 나인데스가

⑯ 음식이 차가워요. 데워 주시겠어요?
料理が 冷たいです。温めて ください。
료―리가 쯔메따이데스. 아따따메떼 구다사이

Let's Talk 필요한 것 부탁할 때

⑰ 물수건 좀 주세요.
おしぼりを ください。
오시보리오 구다사이

⑱ 메뉴판을 다시 가져다주시겠어요?
メニューを もう一度 持って来てくれますか。
메뉴―오 모―이찌도 못떼기떼구레마스까

⑲ 냅킨을 더 주세요.
ナプキンを もっと ください。
나푸킨오 못또 구다사이

⑳ 남은 음식 좀 싸 주실래요?
残った 食べ物を ちょっと 持ち帰りに してくれませんか。
노꼿따 다베모노오 춋또 모찌가에리니 시떼구레마셍까

Let's Talk 음식 맛을 평가할 때

㉑ 군침이 도는군요.
よだれが 出ますね。
요다레가 데마스네

㉒ 입에서 살살 녹아요.
口で そっと 溶けます。
구찌데 솟또 도께마스

㉓ 너무 맛있어요.
とても おいしいです。
도떼모 오이시이데스

㉔ 매운 음식은 제 입맛에 맞지 않군요.
辛い 食べ物は 私の口には 合わないですね。
가라이 다베모노노와 와따시노 구찌니와 아와나이데스네

Let's Talk 계산할 때

㉕ 계산서 좀 갖다 주시겠어요?
伝票を 持ってきてくれますか。
뎀뾰-오 못떼기떼구레마스까

㉖ 제가 계산할게요.
私が 払いますよ。
와따시가 하라이마스요

㉗ 죄송하지만, 이건 무엇의 가격인가요?
すみませんが、これは 何の 値段ですか。
스미마셍가, 고레와 난노 네당데스까

편의&오락시설 이용

편의시설을 찾을 때

① 24시간 편의점을 찾고 있어요.

２４時間の　コンビニを　探しています。
니쥬-요지깡노 콤비니오 사가시떼이마스

② 노래하는 곳이 있나요?

カラオケは　ありますか。
가라오께와 아리마스까

③ 어디 좋은 재즈 클럽이 있나요?

どこか　いい　ジャズクラブは　ありますか。
도꼬까 이이 쟈즈쿠라부와 아리마스까

④ 이 근처에 디스코텍이 있나요?

この　近くに　ディスコは　ありますか。
고노 치카꾸니 디스코와 아리마스까

편의점이나 슈퍼에서

⑤ 차가운 맥주는 어디 있나요?

冷たい　ビールは　どこに　ありますか。
쯔메따이 비-루와 도꼬니 아리마스까

⑥ 미네랄워터는 어디
있나요?

ミネラルウォーターは どこに ありますか。
미네라루워-타-와 도꼬니 아리마스까

⑦ 일회용 카메라를 찾
고 있어요.

使い捨てカメラを 探して います。
쯔까이스떼카메라오 사가시떼 이마스

⑧ 세면용품은 어디 있
나요?

洗顔用品は どこに ありますか。
센강요-힝와 도꼬니 아리마스까

패스트푸드점에서

⑨ 어떤 세트 메뉴가 있
나요?

どんな セットメニューが ありますか。
돈나 셋또메뉴-가 아리마스까

⑩ 치즈버거 주세요.

チーズバーガーを お願いします。
치-즈바-가-오 오네가이시마스

⑪ 양파는 빼주세요.

玉ねぎは 抜いて ください。
타마네기와 누이떼 구다사이

⑫ 감자튀김 중간 거랑
콜라 큰 거 주세요.

フライドポテト Mサイズと コーラ Lサイズを ください。
후라이도포테토 에무사이즈또 코-라 에루사이즈오 구다사이

⑬ 콜라를 좀 더 주시겠
습니까?

コーラを もう少し いただけますか。
코-라오 모-스코시 이따다께마스까

Let's Talk 술집에서

⑭ 제일 시원한 맥주로 주세요.

一番 冷たい ビールを ください。
이찌방 쯔메따이 비-루오 구다사이

⑮ 얼음 넣은 위스키 한 잔 주세요.

水を 入れて ウィスキーを 一杯 ください。
고오리오 이레떼 위스키-오 입빠이 구다사이

⑯ 생맥주 한 잔 주세요.

生ビールを 一杯 ください。
나마비-루오 입빠이 구다사이

⑰ 한 잔 더 주실래요?

もう 一杯 いただけますか。
모- 입빠이 이따다께마스까

⑱ 건배해요. 건배!

乾杯しましょう。乾杯。
감빠이시마쇼-. 감빠이

⑲ 저는 좀 취하는 거 같은데요.

私は 少し 酔ったみたいです。
와따시와 스코시 욧따미따이데스

Let's Talk 카지노 이용할 때

⑳ 저는 카지노에 가본 적이 없어요.

私は カジノへ 行ったことが ありません。
와따시와 카지노에 잇따꼬또가 아리마셍

㉑ 초보자에게 좋은 게임은 뭔가요?

初心者に いい ゲームは 何ですか。

쇼신샤니 이이 게-무와 난데스까

㉒ 블랙잭은 어떻게 하는 거예요?

ブラックジャックは どう やるんですか。

부락꾸쟉꾸와 도- 야룬데스까

노래방에서

㉓ 무슨 노래 부를래요?

何の 歌を 歌いますか。

난노 우타오 우타이마스까

㉔ 내가 저 노래 부르려고 했는데!

私が その 歌を 歌おうと していたのに。

와따시가 소노 우타오 우타오-또 시떼이따노니

㉕ 당신의 십팔번이 뭐예요?

あなたの １８番は 何ですか。

아나따노 쥬-하찌방와 난데스까

㉖ 마이크 좀 줘 봐요.

ちょっと マイクを 貸して。

춋또 마이쿠오 가시떼

㉗ 난 최신곡은 못 따라가요.

私は 最新曲は ついていけません。

와따시와 사이신교꾸와 쯔이떼이께마셍

㉘ 정말 잘 불렀어요!

本当に 歌が 上手ですね。

혼또-니 우타가 죠-즈데스네

26 day

병원&약국에서

Let's Talk 진료를 예약할 때

❶ 진료 예약을 하고 싶어요.

診療の 予約を したいです。
신료-노 요야꾸오 시따이데스

❷ 진찰을 받고 싶어요.

診察を 受けたいです。
신사쯔오 우께따이데스

❸ 저희 병원에 처음 오시는 건가요?

当病院へは 初めてですか。
도-뵤-잉에와 하지메떼데스까

❹ 어떤 보험도 들지 않았는데요.

何の 保険にも 入っていませんが。
난노 호껭니모 하잇떼이마셍가

Let's Talk 증상을 물을 때

❺ 어디가 아프세요?

どこが 痛いですか。
도꼬가 이따이데스까

⑥ 아픈 지 얼마나 됐나
요?

痛み 出してから どれくらい たちましたか。

이따미 다시떼까라 도레쿠라이 다찌마시타까

⑦ 여기를 누르면 아픈
가요?

ここを 押すと 痛いですか。

고꼬오 오스또 이따이데스까

내과 진료

⑧ 배가 아파요.

お腹が 痛いです。

오나까가 이따이데스

⑨ 목이 아파요.

のどが 痛いです。

노도가 이따이데스

⑩ 머리가 아프고 오한
이 있어요.

頭が 痛くて 寒気が します。

아타마가 이따꾸떼 사무께가 시마스

⑪ 콧물이 흐르고 열이
나요.

鼻水が 出て 熱が あります。

하나미즈가 데떼 네쯔가 아리마스

⑫ 소화가 안 돼요.

消化が できません。

쇼-까가 데끼마셍

⑬ 식중독에 걸린 것 같
아요.

食中毒に なったみたいです。

쇼꾸츄-도꾸니 낫따미따이데스

외과 진료

⑭ 다리가 부어올랐
어요.

足が 腫れ上がりました。

아시가 하레아가리마시따

⑮ 운동하다가 다쳤
어요.

運動を していて 怪我をしました。

운도-오 시떼이떼 게가오 시마시따

⑯ 손을 데었어요.

手を 火傷しました。

테오 야께도시마시따

⑰ 오른팔이 부러진 것
같아요.

右腕が 折れたようです。

미기우데가 오레따요-데스

⑱ 깨진 유리조각을 밟
았어요.

ガラスの 破片を 踏みました。

가라스노 하헨오 후미마시따

치과와 안과 진료

⑲ 잇몸에 염증이 있어요.

歯茎が 炎症しています。

하구끼가 엔쇼-시떼이마스

⑳ 이가 흔들려요.

歯が 揺れます。

하가 유레마스

㉑ 스케일링 하러 왔
어요.

スケーリングをしに 来ました。

스케–링구오시니 기마시따

㉒ 시력 검사를 하러 왔
는데요.

視力検査を しに 来ました。

시료꾸겐사오 시니 기마시따

㉓ 안경을 맞추려고 하는
데 검사 받을 수 있나요?

眼鏡を 作りたいのですが 検査を 受けれますか。

메가네오 쯔꾸리따이노데스가 겐사오 우께레마스까

약국에서

㉔ 이 처방전대로 약을
지어 주세요.

この 処方箋どおりに 薬を 出して ください。

고노 쇼호–센도오리니 구스리오 다시떼 구다사이

㉕ 식후 30분에 복용하
세요.

食後 ３０分に 服用して ください。

쇼꾸고 산쥬뿐니 후꾸요–시떼 구다사이

㉖ 두통약을 주시겠어
요?

頭痛薬を くれますか。

즈쯔–야꾸오 구레마스까

㉗ 감기약을 주세요.

風邪薬を ください。

가제구스리오 구다사이

㉘ 부작용은 없을까요?

副作用は ないですか。

후꾸사요–와 나이데스까

다음에 나오는 우리말을 일본어로 말해 보세요.

1. 저녁 8시에 예약하고 싶은데요.

2. 오늘의 특별 요리가 있나요?

3. 입에서 살살 녹아요.

4. 노래하는 곳이 있나요?

5. 어떤 세트 메뉴가 있나요?

6. 건배해요. 건배!

7. 당신의 십팔번이 뭐예요?

8. 배가 아파요.

9. 머리가 아프고 오한이 있어요.

10. 두통약을 주시겠어요?

● 정답

1 夜8時に 予約したいんですけど。 2 今日の 特別料理は ありますか。 3 口で そっと 溶けます。 4 カラオケは ありますか。 5 どんな セットメニューが ありますか。 6 乾杯しましょう。乾杯。 7 あなたの 18番は 何ですか。 8 お腹が 痛いです。 9 頭が 痛くて 寒気が します。 10 頭痛薬を くれますか。

1. この 店の お勧めは 何ですか。

2. 同じ 物で お願いします。

3. これは 私が 注文した 物では ないんですが。

4. とても おいしいです。

5. 生ビールを 一杯 ください。

6. 私は 少し 酔ったみたいです。

7. 何の 歌を 歌いますか。

8. 消化が できません。

9. 手を 火傷しました。

10. 風邪薬を ください。

정답

1 이 집에서 잘하는 게 뭔가요? 2 같은 것으로 부탁해요. 3 이것은 제가 주문한 게 아닌데요. 4 너무 맛있어요. 5 생맥주 한 잔 주세요. 6 저는 좀 취하는 거 같은데요. 7 무슨 노래 부를래요? 8 소화가 안 돼요. 9 손을 데었어요. 10 감기약을 주세요.

1

술 마시는 거 좋아해?
お酒は 好きですか。
오사케와 스키데스까

2

술 마시는 거 좋아해요.
お酒を 飲むのが 好きです。
오사케오 노무노가 스키데스

3

오늘은 내가 쏠게!
今日は 私が おごるよ。
교-와 와따시가 오고루요

4

한 잔만 더하자.
もう 一杯だけ 飲もう。
모- 입빠이다께 노모-

5

원 샷!
一気。
익끼

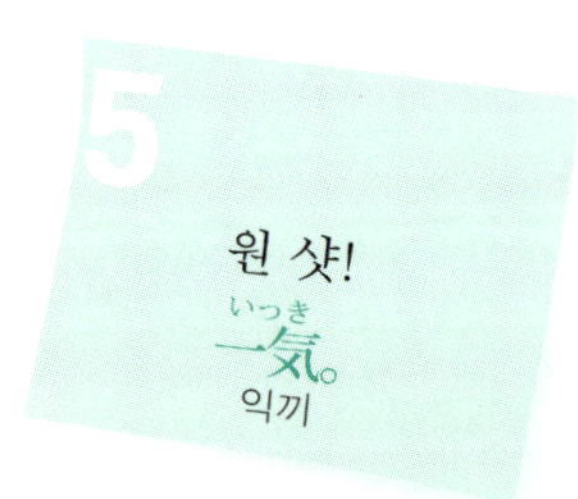

6

한 번 망가져 봅시다!
飲みつぶれましょう。
노미쯔부레마쇼-

7

필름이 끊겼어.
酔っ払って 記憶が ない。
욥빠랏떼 기오꾸가 나이

8

건배합시다!
乾杯しましょう。
감빠이시마쇼-

9

나 알딸딸해.
私 ちょっと 酔ってる。
와따시 춋또 욧떼루

10

자, 건배해요!
じゃ、乾杯しよう。
쟈, 감빠이시요-

11

그는 술고래야.
彼は のんべえです。
카레와 놈베-데스

12

점점 취하는 것 같아.
どんどん 酔ってきたみたい。
돈돈 욧떼기따미따이

13

너무 많이 마신 것 같아.
たくさん 飲み過ぎたみたい。
닥상 노미스기따미따이

14

많이 취했어.
すごく 酔っ払った。
스고꾸 욥빠랏따

15

토하고 싶어.
吐きたい。
하키따이

16

2차 갑시다!
2次会 行きましょう。
니지까이 이끼마쇼-

세탁소에서

Let's Talk 일반 세탁물을 맡길 때

❶ 이 셔츠를 다림질해 주시겠습니까?

この シャツに アイロンを かけてくれますか。

고노 샤쯔니 아이롱오 가케테구레마스까

❷ 이 바지를 다리고 싶어요.

この ズボンに アイロンを かけたいです。

고노 즈봉니 아이롱오 가케따이데스

❸ 여기 주름 좀 잡아 주세요.

ここの しわを ちょっと 伸ばして ください。

고꼬노 시와오 춋또 노바시떼 구다사이

❹ 이 양복을 세탁하고 다려주세요.

この スーツを 洗濯して アイロンを かけて ください。

고노 스-쯔오 센타꾸시떼 아이롱오 가케떼 구다사이

Let's Talk 드라이클리닝을 맡길 때

❺ 이 옷 드라이클리닝 해주실래요?

この 服を ドライクリーニングして くれますか。

고노 후꾸오 도라이쿠리-닝구시떼 구레마스까

❻ 코트를 드라이클리닝 하고 싶어요.

コートを　ドライクリーニング　したいです。
코-토오 도라이쿠리-닝구 시따이데스

❼ 이것을 드라이클리닝 부탁합니다.

これを　ドライクリーニングで　お願いします。
고레오 도라이쿠리-닝구데 오네가이시마스

❽ 이 양복 금요일까지는 드라이클리닝 해주셔야 해요.

この　スーツを　金曜日までには　ドライクリーニングしなければ　ならないです。
고노 스-쯔오 깅요-비마데니와 도라이쿠리-닝구시나께레바 나라나이데스

Let's Talk 얼룩 제거와 문의사항

❾ 제가 양복에 와인을 쏟았어요.

私が　スーツに　ワインを　こぼしました。
와따시가 스-쯔니 와인오 고보시마시따

❿ 얼룩 좀 제거해 주실래요?

染み抜きを　してくれますか。
시미누끼오 시떼구레마스까

⓫ 옷이 줄어들지는 않겠지요?

服が　縮んだりは　しないですよね。
후꾸가 치진다리와 시나이데스요네

⓬ 제 양복이 손상되는 일은 없겠지요?

私の　スーツが　痛んだりする　ことは　ないですよね。
와따시노 스-쯔가 이딴다리스루 꼬또와 나이데스요네

⓭ 카펫도 세탁할 수 있나요?

カーペットも　洗えますか。
카-펫또모 아라에마스까

 세탁물 찾을 때

⑭ 제 세탁물 다 됐나요?
私の 洗濯物は できましたか。
와따시노 센타꾸모노와 데끼마시따까

⑮ 드라이클리닝 맡긴 옷을 찾으러 왔어요.
ドライクリーニングに 出した 服を 取りにきました。
도라이꾸리-닝구니 다시따 후꾸오 도리니기마시따

⑯ 여기 제 세탁확인증이에요.
お預かり証です。
오아즈까리쇼-데스

⑰ 빨리 해 주셔서 감사합니다.
急いで してくれて ありがとうございます。
이소이데 시떼구레떼 아리가또-고자이마스

 세탁물에 문제가 있을 때

⑱ 얼룩이 빠지지 않았어요.
しみが 落ちて いませんでした。
시미가 오찌떼 이마셍데시따

⑲ 이 코트는 다림질이 잘 안 됐어요.
この コートは アイロンがけが よく されていませんでした。
고노 코-또와 아이롱가께가 요꾸 사레떼이마셍데시따

⑳ 세탁물이 아직도 축축하군요.
洗濯物が まだ 湿っぽいです。
센타꾸모노가 마다 시멥뽀이데스

㉑ 이것들은 제 옷이 아
닌데요.

これは 私の 服では ありません。
고레와 와따시노 후꾸데와 아리마셍

㉒ 아직 준비가 안 됐나
요?

まだ 準備が できていませんか。
마다 준비가 데끼떼이마셍까

㉓ 제 세탁물을 분실하
셨다고요?

私の 洗濯物を 紛失したんですか。
와따시노 센타꾸모노오 훈시쯔시딴데스까

옷 수선을 맡길 때

㉔ 옷 수선도 해 주시나
요?

服の お直しも できますか。
후꾸노 오나오시모 데끼마스까

㉕ 바지를 좀 줄여 주
세요.

ズボンを ちょっと 裾上げして ください。
즈봉오 춋또 스소아게시떼 구다사이

㉖ 허리를 줄여 주세요.

ウエストを 詰めて ください。
우에스토오 쯔메떼 구다사이

㉗ 치마 기장을 좀 줄여
주시겠어요?

スカートの 長さを ちょっと 短くして くれますか。
스카-또노 나가사오 춋또 미지까꾸시떼 구레마스까

㉘ 지퍼가 고장났어요.
갈아주실래요?

チャックが 壊れました。換えて ください。
챡꾸가 고와레마시따. 가에떼 구다사이

미용실에서

Let's Talk 예약할 때

① 파마 예약을 하고 싶어요.

パーマの 予約を したいです。
파-마노 요야꾸오 시따이데스

② 찾는 미용사가 있으세요?

ご指名の 美容師は いらっしゃいますか。
고시메이노 비요-시와 이랏샤이마스까

③ 예약 없이 오셨나요?

予約を しないで いらっしゃいましたか。
요야꾸오 시나이데 이랏샤이마시따까

Let's Talk 헤어 스타일에 대해

④ 헤어스타일을 바꾸고 싶은데요.

ヘアースタイルを 変えたいんですけど。
헤아-스타이루오 카에따인데스께도

⑤ 어떤 스타일로 해 드릴까요?

どんな スタイルに いたしましょうか。
돈나 스타이루니 이따시마쇼-까

⑥ 헤어스타일 책을 보여주시겠어요?

ヘアースタイルの 本を 見せていただけますか。

헤아ー스타이루노 홍오 미세떼이따다께마스까

⑦ 유행하는 스타일로 해 주세요.

流行の スタイルに して ください。

하야리노 스타이루니 시떼 구다사이

⑧ 저분과 같은 헤어스타일로 해주세요.

あの 方と 同じ ヘアースタイルに して ください。

아노 가타또 오나지 헤아ー스타이루니 시떼 구다사이

머리를 자를 때

⑨ 짧게 잘라 주세요.

短く 切って ください。

미지까꾸 깉떼 구다사이

⑩ 앞머리는 그냥 두세요.

前髪は そのままに して ください。

마에가미와 소노마마니 시떼 구다사이

⑪ 이런 식으로 머리를 자르고 싶어요.

こんな 感じで 髪の毛を 切りたいです。

곤나 간지데 가미노께오 기리따이데스

⑫ 뒷머리는 너무 많이 자르지 마세요.

後ろ髪は あまり 切らないで ください。

우시로가미와 아마리 기라나이데 구다사이

⑬ 앞머리를 가지런히 잘라 주시겠어요?

前髪を 真っ直ぐに 切ってもらえますか。

마에가미오 맛스구니 깉떼모라에마스까

파마나 염색할 때

⑭ 어떤 스타일의 파마를 원하세요?

どんな スタイルの パーマを ご希望ですか。
돈나 스타이루노 파-마오 고키보-데스까

⑮ 사진들을 좀 볼 수 있어요?

ちょっと 写真を 見せてもらえますか。
춋또 샤싱오 미세떼모라에마스까

⑯ 약한 파마를 해주세요.

軽く パーマを かけて ください。
가루꾸 파-마오 가께떼 구다사이

⑰ 세게 말아주세요.

強く 巻いて ください。
쯔요꾸 마이떼 구다사이

⑱ 머리를 드라이해 주세요.

髪の毛を ブローして ください。
가미노케오 부로-시떼 구다사이

⑲ 머리를 염색하고 싶어요.

髪の毛を 染めたいです。
가미노케오 소메따이데스

⑳ 머리를 갈색으로 염색해 주세요.

髪の毛を 茶色に 染めて ください。
가미노케오 챠이로니 소메떼 구다사이

㉑ 브릿지는 넣지 마세요.

ブリーチは しないで ください。
부리-찌와 시나이데 구다사이

세팅할 때

㉒ 머리를 세팅해 주시
겠어요?

ヘアーセットをして くれますか。
헤아ー셋또오시떼 구레마스까

㉓ 제 머리를 펴 주세요.

私の 髪の毛を ストレートにして ください。
와따시노 가미노케오 스토레ー또니 시떼 구다사이

㉔ 평소 가르마는 어느
쪽으로 타세요?

普段 分け目は どちら側ですか。
후단 와께메와 도찌라가와데스까

기타 서비스 받을 때

㉕ 손톱 손질을 해주시
겠어요?

爪の お手入れを してもらえますか。
쯔메노 오테이레오 시떼모라에마스까

㉖ 손톱에 매니큐어를
칠해 주세요.

爪に マニキュアを 塗って ください。
쯔메니 마니큐아오 눗떼 구다사이

㉗ 머리 감겨 드릴까요?

シャンプー いたしますか。
샴푸ー 이따시마스까

㉘ 샴푸한 후에 드라이
를 해주실래요?

シャンプーの 後 ブローして くれますか。
샴푸ー노 아또 부로ー시떼 구레마스까

부동산중개소에서

Let's Talk 임대할 집을 알아볼 때

❶ 우린 임대할 집을 찾
고 있어요.

私たちは 借りる 家を 探しています。
와따시다찌와 가리루 이에오 사가시떼이마스

❷ 저는 아파트를 구하
고 있어요.

私は アパートを 探しています。
와따시와 아파－또오 사가시떼이마스

❸ 지하철역에서 가까운
곳을 원해요.

地下鉄駅から 近い所を 希望します。
치카데쯔에끼까라 치카이도꼬로오 기보－시마스

❹ 어느 정도의 집을 찾
고 있으세요?

どのくらいの 家を お探しですか。
도노구라이노 이에오 오사가시데스까

❺ 가격을 어느 정도로
예상하세요?

予算は どれくらいを お考えですか。
요상와 도레구라이오 오강가에데스까

❻ 월세가 7만엔 이하였
으면 좋겠는데요.

家賃が 7万円 以下だと 良いのですが。
야찡가 나나망엥 이카다또 요이노데스가

Let's Talk 임대할 집을 구경할 때

❼ 집 좀 보여 주시겠어요?

家を ちょっと 見せていただけますか。

이에오 춋또 미세떼이따다께마스까

❽ 이 아파트는 남향입니까?

この アパートは 南向きですか。

고노 아파—또와 미나미무키데스까

❾ 이 집은 햇빛이 잘 들어요.

この 家は 日当たりが いいですか。

고노 이에와 히아타리가 이이데스까

❿ 교통은 어떤가요?

交通の 便は どうですか。

고—쯔—노 벤와 도—데스까

⓫ 집 앞에 주차해도 되나요?

家の 前に 駐車しても いいですか。

이에노 마에니 쥬—샤시떼모 이이데스까

⓬ 이웃 사람들은 조용한가요?

近所の 人たちは 静かですか。

긴죠노 히또다찌와 시즈까데스까

⓭ 애완동물을 길러도 되나요?

ペットを 飼ってもいいですか。

펫또오 갓떼모이이데스까

⓮ 임대 기간은 얼마나 되나요?

賃貸期間は どのくらいですか。

친타이기깡와 도노구라이데스까

임대료를 물을 때

⑮ 한 달 임대료는 얼마
인가요?

一ヶ月の 家賃は いくらですか。
익까게쯔노 야찡와 이꾸라데스까

⑯ 보증금은 얼마인가
요?

保証金は いくらですか。
호쇼-낑와 이꾸라데스까

⑰ 임대료에 공공요금이
포함되어 있나요?

家賃に 公共料金は 含まれていますか。
야찡니 코-쿄-료-낑와 후꾸마레떼 이마스까

집이 마음에 들지 않을 때

⑱ 왜 그 집이 마음에 들
지 않으신지요?

なぜ その家が 気に 入らないんですか。
나제 소노이에가 기니 이라나인데스까

⑲ 위치가 마음에 들지
않아요.

位置が 気に 入りません。
이치가 기니 이리마셍

⑳ 내부가 좀 지저분하
네요.

内部が ちょっと 汚いですね。
나이부가 춋또 기타나이데스네

㉑ 다른 집을 보여 주시
겠습니까?

他の 家を 見せて いただけますか。
호까노 이에오 미세떼 이따다께마스까

Let's Talk 집을 계약할 때

㉒ 이 아파트를 임대하겠어요.

この アパートを 借りたいです。

고노 아파—또오 가리따이데스

㉓ 보증금은 되돌려 받을 수 있나요?

保証金は 戻って きますか。

호쇼—낑와 모돗떼 기마스까

㉔ 그 사항은 계약서에 포함시켜 주세요.

その 事項も 契約書に 入れて ください。

소노 지꼬—모 케—야꾸쇼니 이레떼 구다사이

Let's Talk 이사할 때

㉕ 우리는 나가노로 이사 갈 거예요.

私たちは 長野に 引っ越します。

와따시다찌와 나가노니 힉꼬시마스

㉖ 이삿짐 대행업체를 불러야겠어요.

引っ越し業者を 呼ばなければ なりません。

힉꼬시교—샤오 요바나께레바 나리마셍

㉗ 혼자 짐을 다 쌌어요.

一人で 荷物を 全部 荷造りしました。

히또리데 니모쯔오 젬부 니즈꾸리시마시따

㉘ 어서 짐을 옮깁시다.

早く 荷物を 運びましょう。

하야꾸 니모쯔오 하꼬비마쇼—

경찰서&공공기관에서

 **Let's Talk** 도움을 요청할 때

❶ 응급상황이에요!

緊急事態です。（きんきゅうじたい）

깅큐-지다이데스

❷ 경찰에 어떻게 신고 하지요?

警察に どのように 届ければいいですか。（けいさつ、とど）

케-사쯔니 도노요-니 도도께레바이이데스까

❸ 누가 경찰 좀 불러 주세요!

だれか 警察を 呼んで ください。（けいさつ、よ）

다레까 케-사쯔오 욘데 구다사이

 분실이나 도난 신고

❹ 여권을 분실했어요.

パスポートを 無くしました。（な）

파스포-또오 나꾸시마시따

❺ 소매치기를 당한 것이 틀림없어요.

すりに 遭ったのは 間違いないです。（あ、まちが）

스리니 앗따노와 마찌가이나이데스

⑥ 언제 어디서 분실하
셨나요?

いつ どこで 紛失しましたか。
이쯔 도꼬데 훈시쯔시마시따까

⑦ 제 가방을 도난당했
어요.

私の かばんが 盗まれました。
와따시노 가방가 누스마레마시따

⑧ 제 귀중품이 모두 들
어 있어요.

私の 貴重品が 全部 入っています。
와따시노 기쵸-힝가 젬부 하잇떼이마스

사건이나 사고를 신고할 때

⑨ 사고 신고를 하고 싶
어요.

事故の 報告を したいです。
지꼬노 호-꼬꾸오 시따이데스

⑩ 지하철에서 소매치기
를 당했어요.

地下鉄で すりに あいました。
치카테쯔데 스리니 아이마시따

⑪ 제 사무실에 도둑이
들었어요.

私の 事務所に 泥棒が 入りました。
와따시노 지무쇼니 도로보-가 하이리마시따

⑫ 경관님, 제 아이가 없
어졌어요.

おまわりさん、私の 子供が いなくなって しまいました。
오마와리상, 와따시노 고도모가 이나꾸낫떼 시마이마시따

⑬ 화재가 났어요.

火事が 起きました。
가지가 오끼마시따

교통신호나 법규 위반 신고

⓮ 자동차 사고를 신고
하려고 해요.

自動車の 事故が 起きました。
지도-샤노 지꼬가 오끼마시따

⓯ 여기 부상자가 있어요.

ここに 負傷者が います。
고꼬니 후쇼-샤가 이마스

⓰ 속도위반 딱지를 떼
였어요.

スピード違反で 捕まりました。
스피-도이항데 쯔까마리마시따

⓱ 벌금이 얼마인가요?

罰金は いくらですか。
밧낑와 이꾸라데스까

관공서를 이용할 때

⓲ 여권을 찾으러 왔어요.

パスポートを 取りに 来ました。
파스포-또오 도리니 기마시따

⓳ 비자를 갱신하러 왔
어요.

ビザを 更新しに 来ました。
비자오 고-신시니 기마시따

⓴ 출생 신고는 어떻게
하나요?

出生届けは どのように すればいいですか。
슛세-도도께와 도노요-니 스레바이이데스까

㉑ 어느 분이 이 업무를 담당하시나요?

どの 方が この 業務を 担当していますか。

도노 가타가 고노 교-무오 단토-시떼이마스까

㉒ 제가 작성해야 할 서류가 뭔가요?

私が 作成しなければならない 書類は 何ですか。

와따시가 사꾸세- 시나께레바나라나이 쇼루이와 난데스까

㉓ 왜 이렇게 오래 걸리나요?

なぜ こんなに 長く かかりますか。

나제 곤나니 나가꾸 가까리마스까

도서관을 이용할 때

㉔ 도서관은 몇 시에 개관하나요?

図書館は 何時に 開館しますか。

도쇼깡와 난지니 가이깡시마스까

㉕ 이 책이 있는지 확인해 주세요.

この 本が あるか 確認して ください。

고노 홍가 아루까 가꾸닝시떼 구다사이

㉖ 이 책들을 대출하고 싶은데요.

この 本を 借りたいのですが。

고노 홍오 가리따이노데스가

㉗ 이 책들을 얼마동안 대출할 수 있나요?

この 本は どのくらい 借りることが できますか。

고노 홍와 도노구라이 가리루꼬또가 데끼마스까

㉘ 이 책을 어디에 반납해야 하나요?

この 本を どこに 返却すればいいですか。

고노 홍오 도꼬니 헨까꾸 스레바 이이데스까

1. 이 바지를 다리고 싶어요.

2. 코트를 드라이클리닝 하고 싶어요.

3. 짧게 잘라 주세요.

4. 머리를 드라이해 주세요.

5. 저는 아파트를 구하고 있어요.

6. 애완동물을 길러도 되나요?

7. 한 달 임대료는 얼마인가요?

8. 누가 경찰 좀 불러 주세요!

9. 여권을 분실했어요.

10. 이 책들을 대출하고 싶은데요.

— 정답

1 この ズボンに アイロンを かけたいです。 **2** コートを ドライクリーニング したいです。 **3** 短く 切って ください。 **4** 髪の毛を ブローして ください。 **5** 私は アパートを 探しています。 **6** ペットを 飼ってもいいですか。 **7** 一ヶ月の 家賃は いくらですか。 **8** だれか 警察を 呼んで ください。 **9** パスポートを 無くしました。 **10** この 本を 借りたいのですが。

1. お預かり証です。

2. 服の お直しも できますか。

3. 流行の スタイルに して ください。

4. 前髪は そのままに して ください。

5. この アパートは 南向きですか。

6. 近所の 人たちは 静かですか。

7. この アパートを 借りたいです。

8. いつ どこで 紛失しましたか。

9. 地下鉄で すりに あいました。

10. スピード違反で 捕まりました。

— 정답 —

1 여기 제 세탁확인증이에요.   2 옷 수선도 해 주시나요?   3 유행하는 스타일로 해 주세요.
4 앞머리는 그냥 두세요.   5 이 아파트는 남향입니까?   6 이웃 사람들은 조용한가요?   7 이
아파트를 임대하겠어요.   8 언제 어디서 분실하셨나요?   9 지하철에서 소매치기를 당했어요.
10 속도위반 딱지를 떼였어요.

1

몸이 으슬으슬 떨려요.
体が ぞくぞくと 震えます。
가라다가 조꾸조꾸또 후루에마스

2

몸살이 났어요.
体中が 痛いです。
가라다쥬－가 이따이데스

3

열이 많이 났어요.
高熱が 出ました。
고－네쯔가 데마시따

4

정신이 몽롱해요.
精神が もうろうと しています。
세이신가 모－로－또시떼이마스

5

너무 피곤해요.
とても 疲れています。
도떼모 쯔까레떼이마스

6

편도선이 부었어요.
扁桃腺が 腫れました。
헨도－센가 하레마시따

7

속이 더부룩해요.
胃が もたれています。
이가 모타레떼이마스

8

속이 메스꺼워요.
吐き気がします。
하키께가시마스

9

편두통이 있어요.
偏頭痛が します。
헨즈쯔ー가 시마스

10

다리가 쑤셔요.
足が 痛みます。
아시가 이따미마스

11

잇몸에서 피가 나요.
歯茎から 血が 出ます。
하구끼까라 치가데마스

12

이가 아파요.
歯が 痛いです。
하가 이따이데스

13

귀가 멍멍해요.
耳鳴りが します。
미미나리가 시마스

14

변비가 있어요.
便秘です。
벰비데스

15

온몸이 가려워요.
体中が 痒いです。
가라다쥬ー가 가유이데스

16

숨이 차 죽겠어요.
動悸がして たまらないです。
도ー끼가시떼 타마라나이데스

TALK! TALK!
JAPANESE!

30일 만에 끝내는 왕초보 핵심 best 일본어회화

• 일상회화 편 •

리스닝 연습을 위한
HANDBOOK

일본어 실력을 향상시키기 위해서 스피킹이 중요하지만 리스닝 또한 상당히 중요합니다. 스피킹과 리스닝에 대한 기본실력을 갖출 때 회화실력이 쑥쑥 늘어납니다. 책속부록에서는 한글 발음을 삭제한 본문 전체 표현을 수록하여 한국어와 일본어로 동시 녹음된 MP3 파일을 들으면서 다시 한 번 리스닝을 할 수 있도록 구성하였습니다.

 **인사와 안부**

안녕, 타로. 반가워요!	こんにちは、太郎。会えて うれしいよ。
어떻게 지냈어요?	どう お過ごしでしたか。
좋은 날씨죠?	いい お天気ですね。
아, 기무라 씨, 안녕하세요?	ああ、木村さん。こんにちは。
오늘 재미있는 일이라도 있어요?	今日 いい事でも あるんですか。
휴일 잘 보내셨어요?	よい 休日を 過ごされましたか。
오래간만이야!	ひさしぶり。
정말 오랜만이에요.	本当に お久しぶりですね。
그동안 어떻게 지냈어요?	その間 どう お過ごしでしたか。
그동안 하나도 안 변했군요.	その間 一つも 変わってないですね。
어디서 많이 뵌 것 같은데요.	どこかで たくさん 見た 気がします。
제가 어디서 당신을 만난 적이 있나요?	どこかで あなたと 会ったことが ありましたか。
우리가 예전에 만난 적이 있지 않나요?	私たち 前にも お会いしたこと ありませんか。
그동안 별 일 없으셨어요?	その間 お変わり なかったですか。
요즘 어떻게 지내세요?	最近 どう お過ごしですか。
가족들은 모두 안녕하시죠?	ご家族の 皆さんは お元気ですか。
하시는 일은 잘 되세요?	仕事は うまく いっていますか。
대체 어디서 지내셨어요?	いったい どこで 過ごしていたんですか。
모두 잘 있어요.	みんな 元気です。
별일 없었어요. 늘 그렇지요.	変わったことは なかったです。相変わらずですよ。
덕분에 잘 되고 있어요.	お陰様で うまく やっています。
그럭저럭 지내요. 당신은요?	どうにか こうにか 過ごしています。あなたは。

제가 좀 바빴어요.　　私が ちょっと 忙しかったです。

이만 작별인사를 해야겠어요.　　そろそろ 別れの 挨拶を しなければ なりません。

오늘 만나서 반가웠어요.　　今日は お会いできて うれしかったです。

살펴 가세요.　　お気を つけて お帰り ください。

얘기 나눠서 정말 즐거웠어요.　　お話できて 本当に 楽しかったです。

조만간 또 만납시다.　　近いうちに また 会いましょう。

2 day 소개하기

우린 아직 통성명도 하지 않았죠?　　私たち まだ 名前も 聞いてなかったですよね。

성함이 뭐라고 하셨죠?　　お名前は なんと おっしゃいましたか。

성함을 말씀해 주시겠어요?　　お名前を 教えて いただいても いいですか。

이름을 불러도 될까요?　　名前を 呼んでも いいですか。

제 소개를 할까요?　　自己紹介しますか。

제 소개를 할게요.　　自己紹介 します。

안녕하세요, 저는 김수진입니다.　　こんにちは。私は キムスジンです。

김수진이라고 합니다. 만나서 반가워요.　　キムスジンと 申します。お会いできて うれしいです。

야마다 씨 처음 뵙겠습니다.　　山田さん はじめまして。

만나 뵙게 돼서 반갑습니다!　　お会いできて うれしいです。

저 역시 만나 뵙게 돼서 반가워요.　　こちらこそ お会いできて うれしいです。

여기에 새로 오신 분이시죠?　　こちらに 新しく いらっしゃった 方ですよね。

당신을 알게 돼서 기뻐요.　　あなたと お知り合いに なれて うれしいです。

두 분 서로 인사 나누셨어요?　　二人とも 挨拶 されましたか。

야마다 씨, 유미 씨를 소개하겠습니다.　　山田さん、ゆみさんを 紹介します。

제 친구 무라타 씨를 소개할게요.　　私の 友達の 村田さんを 紹介します。

제 아내와 딸을 소개해도 될까요?　　私の 妻と 娘を 紹介しても いいですか。

이쪽이 제 아내이고, 이 애가 제 아들이에요.　こちらは 私の 妻で この子は 息子です。

그는 저의 큰형입니다.　彼は 私の 一番上の 兄です。

말씀 많이 들었어요.　お話 たくさん 伺いました。

꼭 한번 뵙고 싶었어요.　一度 お目に かかりたかったです。

좋은 친구가 되었으면 해요.　いい お友達に なれたらと 思います。

야마다 씨가 당신 얘기를 자주 하더군요.　山田さんが あなたの 話を よく してましたよ。

우리 말 트고 지내는 게 어때요?　私たち タメ口で 過ごすのは どうですか。

다시 만날 수 있을까요?　また お会いできますか。

당신과 어떻게 연락하면 되죠?　あなたと どのように 連絡したら いいですか。

계속 연락하고 지내요.　これからも 連絡を 取り合いましょう。

좀 더 자주 만나요.　もう少し 頻繁に 会いましょう。

3 day 개인의 신상

어디서 태어나셨어요?　どこで 生まれましたか。

저는 서울에서 태어나서 자랐어요.　私は ソウルで 生まれ 育ちました。

어린 시절은 어디서 보내셨어요?　子供の ころは どこで 過ごしましたか。

저는 서울에서 살지만, 부산에서 자랐어요.　私は ソウルに 住んでいますが プサンで 育ちました。

나이를 여쭤 봐도 될까요?　お年を 伺っても よろしいですか。

나이보다 젊어 보이세요.　年より 若く 見えますね。

저는 이제 결혼한 지 3년째 됐어요.　私は もう 結婚して 3年目に なりました。

저는 아직 제게 맞는 상대를 찾고 있어요　私は まだ 理想の 相手を 探しています。

가족은 모두 몇 분이세요?　ご家族は 何人ですか。

부모님과 두 여동생을 포함해서 다섯 명이에요.　両親と 二人の 妹を 含めて 5人です。

오빠는 없지만, 언니가 한 명 있어요.　兄は いませんが 姉が 一人います。

저희 집은 대가족이에요.　私の 家は 大家族です。

저의 부모님은 매우 엄격하셨어요.　　私の 両親は とても 厳しかったです。

어디 사세요?　　どちらに お住まいですか。

저는 부모님 집에서 함께 살아요.　　私は 両親の 家で 一緒に 住んでいます。

저희 동네는 집세가 아주 비싸요.　　うちの 近所は 家賃が とても 高いです。

우리 집은 바다를 바라보고 있어서 전망이 좋아요.　　私の 家は 海が 眺められて 見晴らしが いいです。

제 얼굴에는 주근깨가 있어요.　　私の 顔には そばかすが あります。

저는 피부가 희어요.　　私は 肌が 白いです。

키가 어떻게 되세요?　　身長は 何センチですか。

저는 고등학교 때 성장이 멈췄어요.　　私は 高校の 時 成長が 止まりました。

당신은 요즘 날씬해 보이는 것 같아요.　　あなたは 最近 痩せたような 気がします。

어느 학교에 다녔어요?　　どこの 学校に 通っていましたか。

언제 졸업하셨어요?　　いつ 卒業 しましたか。

저는 대학에서 경제학을 전공했어요.　　私は 大学で 経済学を 専攻していました。

어떤 일을 하고 계십니까?　　どんな 仕事を なさっていますか。

저는 영업부에서 일하고 있어요.　　私は 営業部で 働いています。

저는 무역회사에 근무하고 있어요.　　私は 貿易会社で 勤めています。

4 day 시간과 날짜

지금 몇 시인가요?　　今 何時ですか。

9시 정각이에요.　　9時 ちょうどです。

2시 45분입니다.　　2時 45分です。

오후 4시 30분쯤일 거예요.　　午後 4時 30分頃だと 思います。

당신 시계는 맞게 맞춰져 있나요?　　あなたの 時計は 正確ですか。

내 시계는 시간이 잘 맞아요.　　私の 時計の 時間は 正確です。

내 시계는 5분 빨라요.　　私の 時計は 5分 進んでいます。

저는 시계 안 차고 다녀요.	私は 時計は しません。
몇 시에 일이 끝나세요?	何時に 仕事が 終わりますか。
다 하려면 아직 멀었어요.	全部 するなら まだまだです。
제가 언제 휴가를 낼 수 있을까요?	私は いつ 休暇を いただけますか。
우리 언제 떠날 거예요?	私たち いつ 発ちますか。
3년이라는 시간은 길어요.	3年という 時間は 長いです。
오늘은 며칠인가요?	今日は 何日ですか。
내일은 며칠이에요?	明日は 何日ですか。
25일인 것 같아요.	25日だと 思います。
오늘은 무슨 요일인가요?	今日は 何曜日ですか。
월요일이에요.	月曜日です。
7일이 무슨 요인인가요?	7日は 何曜日ですか。
오늘이 특별한 날인가요?	今日は 特別な 日ですか。
오늘이 당신 생일이잖아요?	今日は あなたの 誕生日じゃないですか。
당신 생일이 언제인가요?	あなたの 誕生日は いつですか。
올해에는 내 생일이 크리스마스와 겹쳐요.	今年の 誕生日は クリスマスと 重なっています。
밸런타인데이가 언제인가요?	バレンタインデーは いつですか。
저 급해요. 시간이 없어요.	私は 忙しいです。時間が ありません。
그 일을 빨리 처리해 주세요.	その 仕事を 早く 処理して ください。
왜 꾸물거리세요?	どうして ぐずぐずしているんですか。
낭비할 시간이 없어요.	無駄な 時間は ありません。

5 day 화젯거리

요즘은 날씨가 변덕스럽군요.	この頃 気まぐれな 天気ですね。
이따가 날씨가 맑아졌으면 좋겠어요.	後で 天気が 晴れたら いいです。

도쿄의 날씨는 어떤가요?	東京の 天気は どうですか。
오늘은 매우 후덥지근하군요.	今日は とても 蒸し暑いですね。
그는 그렇게 잘 생긴 건 아니에요.	彼は そんなに 格好よくは ありません。
둘은 형제 같아 보이지 않아요.	二人は 兄弟に 見えません。
그녀는 패션 감각이 있어요.	彼女は ファッション感覚が あります。
당신 헤어스타일 바꿨어요?	ヘアースタイルを 変えましたか。
당신 왜 그렇게 쫙 빼입었어요?	あなたは なぜ そんなに 格好をつけているんですか。
일이 손에 잡히지 않아요.	仕事が 手につかないです。
힘든 하루였어요.	大変な 一日でした。
그 사람은 사업 수완이 좋아요.	その 人は 事業手腕が いいです。
그는 보수가 더 좋은 곳으로 옮겼어요.	彼は 報酬が もっと いい所に 移りました。
저는 사람들과 잘 어울려요.	私は 人付き合いが いいです。
우린 성격이 너무 달라요.	私たち 性格が すごく 違います。
그는 유머 감각이 있어요.	彼は ユーモアが あります。
그는 너무 이기적이에요.	彼は とても 利己的です。
그녀는 좀 수줍어하는 것 같아요	彼女は ちょっと 恥ずかしがっているようです。
입안에 염증이 났어요.	口内炎が できました。
머리가 깨질 것 같아요.	頭が 割れそうです。
무슨 일 있어요? 피곤해 보이는군요.	なんか あったんですか。疲れて 見えます。
직장에서 스트레스 많이 받아요.	職場で ストレスを たくさん 受けます。
저는 정기적으로 운동을 해요.	私は 定期的に 運動を しています。
그에 대한 첫인상이 어땠어요?	彼の 第一印象は どうでしたか。
그는 매우 겸손해요.	彼は とても 控えめです。
많은 사람들이 그를 존경해요.	多くの 人たちが 彼を 尊敬しています。
그녀는 매우 관대한 사람이에요.	彼女は とても 寛大な 人です。
그는 자기가 가장 잘난 줄 알아요.	彼は 自分が 一番 すごいと 思っています。

진심으로 축하드립니다.	心から おめでとうございます。
이렇게 기쁜 날이 계속 되길 바랄게요.	このような うれしい日が いつまでも 続くことを 願います。
부모님께서 매우 기뻐하시겠어요.	ご両親が とても 喜ばれそうですね。
우리의 승리를 축하하러 가요!	私たちの 勝利を 祝いに 行こう。
시험에 합격한 거 축하해요!	試験に 合格 おめでとうございます。
장학금 받은 거 축하해요!	奨学金 おめでとうございます。
승리를 축하합니다!	勝利 おめでとうございます。
성공을 축하드립니다!	ご成功 おめでとうございます。
승진하셨다는 얘기를 들었어요. 축하드려요!	昇進なさったと 聞きました。 おめでとうございます。
생일을 축하해요!	誕生日 おめでとう。
서른 번째 생일을 축하드립니다!	30歳の 誕生日 おめでとうございます。
만수무강하세요! (웃어른의 생신)	長生きして ください。
기념일을 축하합니다!	記念日 おめでとうございます。
결혼을 축하해요!	結婚 おめでとう。
두 분이 행복하시길 빌어요.	お二人の 幸せを 願っています。
출산을 축하드려요!	ご出産 おめでとうございます。
엄마 아빠가 되신 거 축하해요!	お母さん お父さんに なられて おめでとう。
크리스마스 즐겁게 보내세요.	楽しい クリスマスを 過ごして ください。
즐거운 명절 되세요!	楽しい 祝日を 過ごして ください。
새해 복 많이 받으세요!	あけまして おめでとうございます。
더 나은 한해가 되길 빌어요.	より 良い 一年に なりますように 願っています。
새해에는 모든 행운이 깃들기를!	新年にも 皆様の ご多幸を お祈りいたします。
행운을 빌어요!	幸運を 祈ります。

모든 일이 잘 되기를 바랍니다.　すべてが　うまく　いくように　願います。

모두 행복하기를 빌어요!　皆様の　幸せを　祈っています。

좋은 성과 있기를 기원합니다.　良い　成果が　あることを　願っています。

당신의 가장 큰 소원은 무엇인가요?　あなたの　一番の　希望は　何ですか。

저는 건강하기를 원해요.　私は　ずっと　健康でいることを　望みます。

 **7** day **감정을 표현할 때**

이보다 더 행복할 수는 없어요.　これ以上の　幸せは　ありません。

세상을 다 가진 기분이에요.　天にも　昇る　気持ちです。

너무 기뻐서 펄쩍 뛸 것 같아요!　飛び上がるほど　うれしいです。

당신이 잘 돼서 나도 기뻐요!　あなたが　うまく　いって　私も　うれしいです。

결과가 만족스러워요.　結果に　満足しています。

구름 위를 걷고 있는 느낌이에요.　雲の　上を　歩いている　感じです。

기분이 그냥 그래요.　気分は　まあまあです。

너무 우울해요.　とても　憂鬱です。

오늘 기분 정말 꿀꿀해요.　今日は　本当に　気分が　のらないです。

그 소식을 들으니 정말 우울해지네요.　その　知らせを　聞いて　本当に　憂鬱に　なります。

당신한테 정말 화났어요!　あなたに　本当　頭に　来ました。

더 이상 참을 수 없어요.　これ以上　耐えられません。

그는 정말 지긋지긋해요.　彼には　本当　うんざりです。

당신은 나를 당혹스럽게 만드는군요.　あなたは　私を　惑わせますね。

내 눈을 믿을 수가 없었어요.　私の　目を　疑ってしまいました。

정말 충격적이었어요.　本当に　衝撃的でした。

심장이 멈추는 줄 알았어요.　心臓が　止まるかと　思いました。

당신이 부러워요.　あなたが　羨ましいです。

좀 질투가 났어요.	少し 嫉妬しました。
당신에게 정말 질투가 나는군요.	あなたに 本当 焼き餅を 焼いてしまいます。
정말 실망했어요.	本当に がっかりしました。
창피한줄 아세요!	恥を 知って ください。
그에게 정말 실망했어요.	彼に 本当に 失望しました。
너무 슬퍼요.	とても 悲しいです。
펑펑 울고 싶어요.	ギャーギャー 泣きたいです。
가슴이 너무 아파요.	胸が とても 痛みます。
삼가 애도를 표합니다.	謹んで お悔やみを 申しあげます。

8day 감사와 사과의 말

수고하셨습니다!	お疲れ様でした。
고맙습니다. 제가 신세를 졌네요.	ありがとうございます。お世話に なりました。
뭐라고 감사를 드려야 할지 모르겠어요.	何と お礼を 言ったらいいのか 分かりません。
걱정해 줘서 고마워요.	心配して くれて ありがとう。
이렇게 도와주셔서 고마워요.	このように 手伝っていただき ありがとう。
진심으로 감사드립니다.	心より 感謝 申し上げます。
정말 고마워요. 큰 도움이 됐어요.	本当に ありがとう。とても 助かりました。
제게 기회를 주셔서 감사합니다.	私に 機会を 下さって ありがとうございます。
힘써 주신 데 대해 정말 감사드립니다.	協力していただき 本当に ありがとうございます。
천만에요.	どういたしまして。
별거 아니에요.	大したことでは ないですよ。
별말씀을요. 제가 좋아서 한 거예요.	とんでもありません。私が 好きで したんですよ。
도울 수 있어서 기뻐요.	手伝うことができて うれしいです。
정말 죄송합니다.	本当に 申し訳ありません。

죄송해요. 면목이 없어요.　　　　　　　ごめんなさい。面目ないです。

제가 잘못했어요. 죄송해요.　　　　　　私が 悪かったです。すみません。

저를 용서해 주시겠어요?　　　　　　　私を 許して いただけますか。

정말 일부러 그런 건 아니에요.　　　　本当に わざと そうしたわけでは ないです。

제게 기회를 한 번 더 주시겠어요?　　私に もう 一回 機会を くれませんか。

당신의 사과를 받아들일게요.　　　　　あなたの 謝罪を 受け入れます。

미안해할 것까지는 없어요.　　　　　　悪いと 思うことは ないです。

됐어요. 그 일은 신경 쓰지 마세요.　もういいですよ。その 事は 気にしないでください。

그런 일은 누구에게나 일어날 수 있죠.　そんな 事は 誰にでも 起こりえる 事ですよ。

실수를 인정하다니 마음이 넓으신 분이네요.　間違いを 認めてくれるなんて 心が 広い 方ですね。

미안하지만 당신 사과를 받아들일 수 없어요.　すみませんが あなたの 謝罪を 受け入れることが できません。

진심으로 사과하는 것 같지 않군요.　心から 謝っている ようには みえません。

안 돼요! 당신은 전에도 그렇게 말했어요.　だめです。あなたは 前にも そのように 言いました。

이번에는 무슨 변명을 할 건가요?　今度は どういう 言い訳を するつもりですか。

9 day 부탁과 양해를 구할 때

부탁 하나 드려도 괜찮을까요?　　　　一つ 頼んでも いいですか。

부탁 좀 들어 주시겠어요?　　　　　　頼みを ちょっと 聞いて いただけますか。

제가 개인적인 부탁 하나 해야겠어요.　私が 個人的に 一つ 頼みを しなければ ならないです。

도와주시겠습니까?　　　　　　　　　　手伝って いただけますか。

저를 좀 도와주시겠어요?　　　　　　私を ちょっと 助けてくれませんか。

거절하지 마세요. 당신 도움이 필요해요.　断らないで ください。あなたの 助けが 必要です。

물론이죠! 제가 도와드릴게요.　　　　もちろんです。私が お手伝いします。

당신을 위해서라면 어떤 일이든지 할게요.　あなたの ためなら どんな 事でも しますよ。

그러죠. 제가 할 수 있는 일이라면. 뭔데요?　そうしますよ。私が できる 事でしたら。何ですか。

기꺼이 그러죠. 도울 수 있어서 기뻐요.　喜んで そうしますよ。手伝う 事が できて うれしいです。

죄송하지만, 지금은 안 되겠는데요.　すみません、今は できません。

그건 저한테는 무리예요.　それは 私には 無理です。

도와 드리고 싶지만, 지금 너무 바빠서요.　お手伝い したいのですが、今 とても 忙しいです。

잠깐 실례하겠습니다.　ちょっと 失礼します。

잠깐 실례해도 될까요?　ちょっと 失礼しても よろしいですか。

실례합니다만, 여기 자리 주인이 있나요?　失礼ですが、この席は 誰かいますか。

여기서 담배를 피워도 될까요?　ここで たばこを 吸っても いいですか。

네, 마음대로 하세요.　はい、好きに して ください。

그럼요. 편한 대로 하세요.　そうですね。 楽にして ください。

오, 물론이죠. 여기 있어요.　あ、もちろんですよ。 ここに あります。

도움이 필요하세요?　助けが 必要ですか。

제가 도와 드릴까요?　私が 手伝いましょうか。

저도 한몫 거들 수 있었으면 해요.　私も 一役買えたらと 思います。

당신에게 도움이 됐는지 모르겠군요.　あなたの 助けに なるか 分かりませんね。

아니에요, 제가 할 수 있어요.　いいえ、私が できます。

아닙니다, 제가 할게요.　いいえ、私が やりますよ。

저 혼자서도 할 수 있어요.　私 一人でも できます。

10 day 의견을 표현할 때

이 계획에 대해서 어떻게 생각하세요?　この 計画に ついて どう お考えですか。

뭐 좋은 생각이라도 떠오르세요?　なんか いい考えでも 浮かんできましたか。

다른 제안이 있으세요?　他に 提案は ありますか。

찬성입니까, 반대입니까?　賛成ですか、反対ですか。

제가 한마디 해도 될까요?　私が 一言 言っても いいですか。

솔직하게 말씀 드려도 될까요?	正直に お話しても いいですか。
제 의견을 말씀 드리겠습니다.	私の 意見を 申し上げます。
당신의 의견은 내 의견과 비슷하군요.	あなたの 意見は 私の 意見と似ていますね。
내가 하고 싶은 말을 당신이 다한 것 같군요.	私が 言いたい事は あなたが 全部 言ってくれたようです。
결심 잘 하셨어요.	よく 決心しましたね。
어떻게 해야 할지 모르겠어요.	どうして いいか 分かりません。
왜 마음을 바꿨어요?	どうして 心変わりしたんですか。
두 가지를 다 가질 수 없으니 양자택일하세요!	二つ 全部持つことはできないから 二者択一して ください。
저도 같은 생각이에요.	私も 同じ 考えです。
그의 의견에 동의합니다.	彼の 意見に 同意します。
그 점에 대해서는 저도 동의해요.	その 点に ついては 私も 同意します。
제가 한 말을 취소할게요.	私が 言った 事を 取り消します。
저는 동의하지 않습니다.	私は 同意 しません。
저는 반대입니다.	私は 反対です。
저는 당신이 틀렸다고 생각해요.	私は あなたが 間違っていると 思います。
당신 추측이 딱 맞았어요.	あなたの 推測が ぴったりと 合っていました。
그건 결과가 뻔한 일이에요.	それは 結果が 分かり切った ことです。
전혀 예상 밖의 상황이었어요.	全く 予想外の 状況でした。
아직 모르는 일이에요. 예측 못해요.	まだ 分からない 事です。予測 できません。
딱 꼬집어서 말할 수 없군요.	はっきりとは いえないですね。
저는 확신이 없어요.	私は 確信は ありません。
좀 더 지켜봅시다.	もう 少し 見守って みましょう。

11 day 전화하기

안녕하세요. 마리 씨 있나요?	こんにちは。まりさん いますか。
기무라 씨 좀 바꿔 주시겠어요?	木村さんに 代わって いただけますか。
그냥 안부 전화한 거예요.	ただ あいさつの お電話を したんですよ。
이 전화를 그의 사무실로 돌려주시겠어요?	この 電話を 彼の 事務所に 回してくれますか。
여보세요. 접니다.	もしもし。私です。
전화 거시는 분은 누구신가요?	電話を 掛けている 方は どなた様でしょうか。
성함을 여쭤 봐도 될까요?	お名前を 伺っても よろしいでしょうか。
누구시라고 전해 드릴까요?	どちら様だと お伝えしましょうか。
제가 지금 회의 중이라 나중에 다시 전화주세요.	私が 今 会議中なので あとで また 電話をください。
야마다 씨, 전화 왔어요.	山田さん、 お電話です。
잠깐 기다려 주세요. 그분을 바꿔 드릴게요.	少々 お待ちください。その方に かわります。
기무라 씨에게 전화를 돌려 드리겠어요.	木村さんに 電話を かわります。
야마다 씨로부터 수신자 부담 전화가 왔어요.	山田さんから コレクトコールです。
그는 지금 통화중이에요. 기다려 주시겠어요?	彼は 今 通話中です。お待ちして いただけますか。
그는 이번주에 출장 중이어서 안 계세요.	彼は 今週 出張中なので いません。
그는 지금 당장은 전화 받을 수 없어요.	彼は 今すぐには 電話に 出ることが できません。
바로 연락드리라고 전할게요.	すぐ 連絡するように 伝えます。
메시지 좀 남길 수 있을까요?	伝言を 残してもらえますか。
기무라가 전화했었다고 전해 주세요.	木村が 電話したと 伝えて ください。
제 사무실로 전화 달라고 전해 주시겠어요?	私の 事務所に 連絡してくださいと 伝えて いただけますか。
죄송하지만, 전화를 잘못 거셨어요.	すみませんが、どちらへ お掛けですか。
여기 그런 사람 없는데요.	ここには そのような方は いませんよ。

뭐라고요? 잘 안 들려요.　　　　　何ですか。よく　聞こえません。

혼선이 되는군요.　　　　　　　　混線してますね。

제가 문자 보낼게요.　　　　　　　私が　メールを　送りますよ。

휴대폰을 진동으로 해주세요.　　　携帯を　マナーモードに　して　ください。

휴대폰도 꺼놓고 뭐 하세요?　　　携帯も　切って　何してるんですか。

 **약속과 만남**

언제 만나 뵐 수 있을까요?　　　　いつ　お会いできますか。

내일 저녁 시간 있으세요?　　　　明日の　夜　時間　ありますか。

그럼 토요일은 어떠세요?　　　　それでは　土曜日は　どうですか。

이번 주 금요일에 무슨 계획이 있나요?　今週の　金曜日　何か　計画は　ありますか。

몇 시에 만날까요?　　　　　　　何時に　会いましょうか。

7시 어떠세요?　　　　　　　　　7時は　どうですか。

저는 아무 때나 좋아요. 당신이 결정해요.　私は　いつでも　いいです。あなたが　決めて　ください。

시간 꼭 지켜주세요.　　　　　　時間を　必ず　守って　ください。

우린 늦을지 모르니까 기다리지 마세요.　私たち　遅れるかも　しれないので　待たないでください。

어디서 만날까요?　　　　　　　どこで　会いましょうか。

괜찮은 모임 장소가 있나요?　　いい　集まり　場所は　ありますか。

어디든 좋아요. 당신이 장소를 정하세요.　どこでも　いいですよ。あなたが　場所を　決めてください。

거긴 너무 멀어요. 중간쯤에서 만나요.　そこは　とても　遠いです。中間あたりで　会いましょう。

약속 시간을 다시 정할 수 있을까요?　約束時間を　また　決め直せますか。

내 스케줄을 당신에게 맞출게요.　私の　スケジュールを　あなたに　合わせます。

좀 더 일찍 만날 수 있을까요?　　もう少し　早く　会えますか。

괜찮다면, 약속을 조금 늦췄으면 해요.　よろしければ、約束を　少し　延ばしたいんですが。

한 시간 늦게 만납시다.　　　　一時間　遅く　会いましょう。

다음 기회로 미룰 수 있을까요?	またの 機会に 延ばすことは できますか。
당신 또 늦었군요!	あなた また 遅刻ですね。
기다리게 해서 죄송해요.	お待たせして すみません。
그곳에 제 시간에 도착하셨어요?	そこに 時間通りに 到着しましたか。
왜 이렇게 오래 걸렸어요?	なぜ こんなに 時間が かかったのですか。
그렇게 화내지 마세요. 제가 점심 살게요.	そう 怒らないで ください。私が お昼を おごりますよ。
어제는 무슨 이유로 안 오신 거예요?	昨日は どんな 理由で いらっしゃらなかったんですか。
오시기로 해놓고, 왜 안 오셨어요?	来る事に しておきながら なぜ 来なかったのですか。
약속을 어기지 마세요.	約束を 破らないで ください。
그녀가 나를 바람맞혔어요.	彼女が 私との 約束を すっぽかしました。

13 day 길 묻기와 안내

길을 잃었어요. 여기가 어디인가요?	道に迷いました。ここは どこですか。
역이 어딘지 가르쳐 주시겠어요?	駅が どこか 教えて いただけますか。
그곳이 호텔과 가까운가요?	そこは ホテルと 近いですか。
그곳은 길의 어느 쪽에 있나요?	そこは 道の どっち側に ありますか。
오른쪽에 있나요, 왼쪽에 있나요?	右側に ありますか。左側に ありますか。
지름길을 아세요?	近道を 知っていますか。
저 건물 옆에 있어요.	あの 建物の 横に あります。
두 번째 모퉁이를 지나가세요.	2番目の 角を 通り 過ぎて ください。
저 주유소 건너편에 있어요.	あの ガソリンスタンドの 向かい側に あります。
모퉁이로부터 세 번째 집이에요.	角から 三番目の 家です。
이 지도에 그곳을 표시해 주세요.	この 地図に それを 表示して ください。
제게 약도를 그려주시겠어요?	私に 略図を 書いて くれませんか。
가는 법을 적어 주시겠어요?	行き方を 書いて いただけますか。

북쪽이 어디죠?　北側は　どちらですか。

우체국은 어느 방향인가요?　郵便局は　どちらの　方向ですか。

이 길을 따라 곧장 가세요.　この　道を　ずっと　まっすぐ　行って　ください。

이 화살표 방향을 따라가세요.　この　矢印の　方向に　従って　行って　ください。

교차로에서 우회전 하세요.　交差点で　右折して　ください。

여기서 더 가야 하나요?　ここから　もっと　行かなければ　なりませんか。

여기서 아주 먼가요?　ここから　すごく　遠いですか。

여기서 멀지 않아요.　ここから　遠くは　ありません。

걷기에는 너무 먼 거리예요.　歩くには　とても　遠い　距離です。

거기까지 가는데 얼마나 걸리나요?　そこまで　行くのに　どのくらい　かかりますか。

2시간 더 가셔야 해요.　二時間　もっと　行かなければ　なりません。

이 길을 따라 20분 동안 운전해 가세요.　この　道に　そって　20分間　運転して　行ってください。

저는 이 지역을 잘 몰라요.　私は　この　地域は　よく　分かりません。

다른 분에게 물어 보세요.　他の　方に　聞いて　見て　ください。

잘 모르겠네요. 도와드리지 못해 죄송해요.　よく分かりませんね。助けに　なれなくて　すみません。

14 day 초대와 방문

오늘 밤 같이 식사하러 가시겠어요?　今晩　一緒に　食事をしに　行きませんか。

저희와 함께 하시겠어요?　私たちと　一緒に　しますか。

이번 주 파티에 당신을 초대하고 싶어요.　今週　パーティーに　あなたを　招待　したいです。

부인도 함께 오세요.　奥様と　一緒に　来て　ください。

누가 거기에 오나요?　誰が　そこに　来ますか。

격식을 갖춘 모임인가요?　格式ある　集まりですか。

초대해 주셔서 감사해요.　招待して　いただいて　ありがとうございます。

몇 시에 가면 될까요?　何時に　行けば　いいですか。

무슨 일이 있어도 꼭 갈게요. / 何が あっても 必ず 行きます。

이번에 저도 함께 데리고 가 주세요. / 今度は 私も 一緒に 連れて 行って ください。

유감스럽지만 못 갈 것 같아요. / 残念ですが 行けなさそうです。

참석하고 싶지만, 시간이 나지않아요. / 出席したいのですが 時間が 取れません。

선약이 있어요. 다음 기회에 합시다. / 先約が あります。またの 機会に しましょう。

와 주셔서 기뻐요. / いらっしゃって いただき うれしいです。

정말 멋진 파티예요. / 本当に 素敵な パーティーですね。

음악을 틀고 춤을 춰요! / 音楽を かけて 踊りましょう。

잘 먹었어요! / ご馳走様でした。

성대한 생일 파티를 열 거예요. / 盛大に 誕生日パーティーを 開きますよ。

내가 촛불을 켤게요. / 私が ろうそくを つけますね。

당신 생일이 특별한 날이었기를 바랄게요. / あなたの 誕生日が 特別な 日に なりますように。

집들이 할 거예요. / 引越しパーティーを するつもりです。

여기군요! / ここですね。

정말 좋은 집이군요, 부러워요. / 本当に いい 家ですね。羨ましいです。

집들이 선물을 가지고 왔어요. / 引越し祝いの プレゼントを 持って 来ました。

정말 아름다운 결혼식이었어요. / 本当に すばらしい 結婚式でした。

두 분 정말 잘 어울리는 한 쌍이에요! / 二人とも 本当に よく お似合いです。

결혼식에 참석해 주셔서 기뻐요. / 結婚式に 出席して 頂き うれしいです。

15 day 여가시간과 취미

주말에는 뭐하세요? / 週末は 何を していますか。

여가시간을 어떻게 보내세요? / 余暇時間を どう 過ごしますか。

쉬는 날에는 주로 뭐하세요? / 休みの 日には 主に 何を しますか。

그저 느긋하게 앉아서 TV나 봐요. / ただ くつろいで 座って テレビでも 見ます。

휴일에 뭐하실 거예요?	休日に 何をする つもりですか。
주말에 무슨 계획 있으세요?	週末に 何か 計画は ありますか。
어디 여행이라도 갈까 해요.	どこか 旅行にでも 行こうかと 思っています。
그냥 집에서 쉬려고 해요.	ただ 家で 休もうと 思っています。
매주 토요일은 거의 외출을 해요.	毎週 土曜日は だいたい 外出します。
특별한 취미가 있나요?	特別な 趣味は ありますか。
저는 영화 보는 걸 좋아해요.	私は 映画を 見るのが 好きです。
저는 독서가 유일한 즐거움이에요.	私は 読書が 唯一の 楽しみです。
저는 여행하는 거 정말 좋아해요.	私は 旅行をするのが 本当に 好きです。
저는 연속극 팬이에요.	私は 連続ドラマの ファンです。
이 프로 정말 재미없어요.	この 番組は 本当に おもしろくないです。
이 드라마는 끝이 너무 지루해요.	この ドラマは 終わりが とても 退屈でした。
저는 그 배역이 정말 싫어요.	私は その 配役が 本当に 嫌いです。
이 책은 읽어보니 무척 재미있었어요.	この 本は 読んでみたら とても おもしろかったです。
요즘 베스트셀러예요.	最近 ベストセラーですよ。
이 책은 내용이 정말 알차요.	この 本は 内容が 本当に 充実しています。
좋아하는 스포츠가 뭐예요?	好きな スポーツは 何ですか。
저는 골프를 아주 좋아해요.	私は ゴルフが とても 好きです。
스키는 몇 년 정도 타셨어요?	スキーは 何年くらい 滑りましたか。
스노클링 해본 적 있으세요?	シュノーケリングを した 事が ありますか。
저는 후지산을 몇 번 등반했었어요.	私は 富士山に 何回か 登りました。
저는 주말에는 낚시를 가요.	私は 週末は 釣りに 行きます。
저는 항상 살아 있는 미끼를 사용해요.	私は いつも 生きている 餌を 使います。

어떤 종류의 영화를 좋아하세요?	どんな 種類の 映画が 好きですか。
극장에서는 무엇이 상연되고 있나요?	映画館では 何が 上映されて いますか。
7시 영화로 두 장 주세요.	7時の 映画で 2枚 ください。
다른 좌석에 발을 올려놓지 마세요.	他の 座席に 足を 乗せないで ください。
이 영화에 출연하는 주연 배우가 좋아요.	この 映画に 出演している 主演俳優が 好きです。
그 영화 정말 지루해서 죽을 뻔했어요.	その 映画は 本当に 退屈でした。
오늘 저녁에는 누가 연주하나요?	今夜は 誰が 演奏するんですか。
가장 좋아하는 가수는 누구예요?	一番 好きな 歌手は 誰ですか。
콘서트에는 가세요?	コンサートには 行きますか。
이 밴드 끝내줘요!	この バンドは 最高です。
이 그림 어때요?	この 絵画は どうですか。
인상적인데요. 누가 그린 거예요?	印象的ですね。誰が 描いたんですか。
이 그림의 색깔이 맘에 들어요.	この 絵の 色が 気に 入りました。
연극이 몇 시에 막이 오르나요?	演劇が 何時に 幕を 上げますか。
좋아하는 남자배우는 누구예요?	好きな 俳優は 誰ですか。
발코니 좌석을 구할 수 있나요?	バルコニー席を 買えますか。
무대 가까이로 좌석을 얻도록 해보세요.	舞台に 近い 席を 取って ください。
마술쇼가 정말 멋졌어요!	マジックショーは 本当に 格好が よかったです。
저는 열렬한 농구팬이에요.	私は 熱烈な バスケットボールの ファンです。
어느 팀을 응원하세요?	どの チームを 応援しますか。
그래, 누가 이길 것 같아요?	そう、誰が 勝つと 思いますか。
한국 팀이 쉽게 승리했어요.	韓国チームが 圧倒的に 勝利しました。
우리 팀이 2대 0으로 이겼어요.	私たちの チームが 2対0で 勝ちました。

공원에 자전거 길이 있어요.　公園に　自転車道路が　あります。

토요일 밤에 공원에서 연주회가 있어요　土曜日の　夜に　公園で　演奏会が　あります。

여기는 훌륭한 국립공원이에요.　ここは　すばらしい　国立公園です。

모두 탈 수 있는 자유이용권을 사요!　全部　乗れる　フリーチケットを　買いましょう。

무서운 놀이기구는 타고 싶지 않아요.　怖い　乗り物は　乗りたく　ありません。

17 day 관광하기

가장 볼 만한 것이 뭔가요?　一番の　見所は　何ですか。

가장 유명한 관광명소들은 어디인가요?　一番　有名な　観光名所は　どこですか。

거기에 꼭 가봐야 할까요?　そこに　必ず　行った　ほうが　いいですか。

이건 일생에 한번뿐인 기회에요.　これは　一生に　一度だけの　機会です。

거기는 학생할인을 해 주나요?　そこは　学生割引を　してくれますか。

관광객도 요금을 다 내야 하나요?　観光客も　全額　払わなければ　なりませんか。

관광지도 있나요?　観光地図は　ありますか。

여기서 관광가이드를 고용할 수 있나요?　ここで　観光ガイドを　雇えますか。

좋은 호텔을 소개해 주실 수 있나요?　いい　ホテルを　紹介して　もらえますか。

이 근처에 한국식당이 있나요?　この　近くに　韓国料理屋は　ありますか。

가이드가 영어를 할 줄 아나요?　ガイドは　英語を　話せますか。

제 가이드가 되어 주실래요?　私の　ガイドに　なって　くれませんか。

몇 군데 데려가 주실래요?　何箇所か　連れて　行って　くれますか。

철도박물관 가는 버스는 어느 거예요?　鉄道　博物館へ　行く　バスは　どれですか。

버스가 몇 시에 출발하나요?　バスは　何時に　出発しますか。

여행 경비가 얼마나 들까요?　旅行費用は　いくらくらい　かかりますか。

어디서 유람선을 탈 수 있나요?　どこで　遊覧船に　乗れますか。

언제 승선하나요?　いつ　乗船できますか。

배 멀미가 날까봐 걱정이에요.

船酔いしてしまうか 心配です。

난간에 기대지 마세요.

手すりに 寄りかからないで ください。

케이블카 요금은 얼마예요?

ケーブルカーの 料金は いくらですか。

꼭대기까지 얼마나 걸려요?

頂上まで どのくらい かかりますか。

케이블카는 얼마나 빨리 올라가나요?

ケーブルカーは どれくらい 速く 上りますか。

정말 아름다운 경치군요!

本当に 美しい 景色ですね。

사진 좀 찍어주시겠어요?

ちょっと 写真を 撮って いただけますか。

여기서 사진 찍어도 될까요?

ここで 写真を 撮っても いいですか。

이 사진을 확대하고 싶어요.

この 写真を 拡大 したいです。

18 day 렌터카&자동차 이용

차를 한 대 빌리고 싶어요.

車を 一台 借りたいです。

소형차가 있나요?

軽自動車は ありますか。

일주일 요금은 얼마인가요?

一週間の 料金は いくらですか。

차를 어디에 반납해야 하나요?

車を どこに 返却すれば いいですか。

안전벨트를 매셨어요?

シートベルトを 締めましたか。

히터 좀 꺼 주시겠어요?

ヒーターを ちょっと 消して いただけますか。

길이 너무 막혔어요.

道が とても 混んでいました。

차 좀 빼 주세요.

車を ちょっと 出して ください。

대신 운전 좀 해 주시겠어요?

代わりに 運転して いただけますか。

차량 점검을 받고 싶어요.

車の 点検を 受けたいです。

차를 고치는 데 얼마나 걸리나요?

車を 直すのに いくらくらい かかりますか。

브레이크를 점검하는데 비용이 얼마나 드나요?

ブレーキを 点検するのに いくらくらい かかりますか。

전화로 견적을 알려 주시겠어요?

電話で 見積もりを 教えていただけますか。

차에서 이상한 소리가 나요.

車から 変な 音が します。

타이어가 펑크 났어요.　　　　タイヤが パンクしました。

와이퍼를 바꿔야겠어요.　　　　ワイパーを 交換しなければ なりません。

계속 시동이 꺼져요.　　　　ずっと エンジンが かかりません。

여기에 주차해도 될까요?　　　　ここに 駐車しても いいですか。

이곳은 유료 주차장이에요.　　　　ここは 有料の 駐車場です。

주차요금은 시간당 얼마인가요?　　　　駐車料金は 1時間毎に いくらですか。

기름이 다 떨어져 가고 있어요.　　　　ガソリンが 無くなりそうです。

휘발유를 가득 채워 주세요.　　　　ガソリンを 満タンに 入れて ください。

이곳은 셀프서비스 주유소입니다.　　　　ここは セルフサービスの ガソリンスタンドです。

오일을 점검해 주시겠어요?　　　　オイルを 点検して いただけますか。

부동액을 점검해 주세요.　　　　不凍液を 点検して ください。

여기서 세차해 주나요?　　　　ここで 洗車できますか。

앞 유리 좀 닦아 주시겠어요?　　　　前の 窓を ちょっと 拭いて いただけますか。

19 day 택시와 대중교통

하얏트호텔까지 가 주세요.　　　　ハイアットホテルまで 行って ください。

이 주소에서 내려주시겠어요?　　　　この 住所で 降ろして くれませんか。

트렁크를 열어 주시겠어요?　　　　トランクを 開けて いただけますか。

공항까지 가는 데 얼마나 걸릴까요?　　　　空港まで 行くのに どのくらい かかりますか。

바쁜데 좀 빨리 가 주세요.　　　　急いでいるのでちょっと 速く 行って ください。

여기 있습니다. 거스름돈은 필요없어요.　　　　ここに あります。おつりは いらないです。

콜택시 전화번호 아는 거 있으세요?　　　　コールタクシー会社の 電話番号は ありますか。

택시 한 대를 즉시 보내주시겠어요?　　　　タクシーを 一台 すぐ お願いできますか。

알겠습니다. 지금 계신 곳이 어디신가요?　　　　分かりました。今 どちらへ いらっしゃいますか。

택시가 아직 안 왔어요.　　　　タクシーが まだ 来ません。

그 버스의 좌석을 예약할게요.	その バスの 座席を 予約します。
시간표를 좀 봐도 될까요?	時間表を ちょっと 見ても いいですか。
버스는 얼마나 자주 오나요?	バスは どれくらいの 間隔で 来ますか。
도쿄타워엔 몇 번 버스가 가나요?	東京タワーには 何番バスが 行きますか。
이 버스 시내에 가나요?	この バスは 市内に 行きますか。
버스 요금은 얼마인가요?	バスの 料金は いくらですか。
시청에 가려면 어디서 내려야 하나요?	市庁に 行くには どこで 降りればいいですか。
버스를 잘못 탄 것 같아요.	バスを 間違えて 乗ったみたいです。
지하철로 시청에 가려면 어떻게 가나요?	地下鉄で 市庁へ 行くには どう 行けばいいですか。
표는 어디에서 사는 건가요?	切符は どこで 買うんですか。
무슨 선으로 갈아타야 하나요?	何線に 乗り換えればいいですか。
공항에 가려면 어느 출구로 나가야 합니까?	空港に 行くには どの 出口から 出ればいいですか。
특급열차가 있나요?	特急列車は ありますか。
오사까행 기차표를 예매하고 싶은데요.	大阪行きの 切符を 買いたいんですが。
왕복 운임은 얼마인가요?	往復運賃は いくらですか。
이곳이 신주쿠역으로 가는 플랫폼이 맞나요?	ここは 新宿駅に 行く プラットホームですか。
우리가 탈 기차가 30분 연착됐어요.	私たちが 乗る 汽車が 30分 遅れました。
식당차가 어디에 있나요?	食堂車は どこに ありますか。

컴퓨터와 사무기기 이용

새로운 프로그램 설치했어요?	新しい プログラムを 設置しましたか。
이 프로그램을 다운로드 받고 싶어요.	この プログラムを ダウンロード したいです。
메신저를 할 수 있나요?	メッセンジャーは できますか。
인터넷에 접속이 안 됩니다.	インターネットに 接続が できません。
제 홈페이지를 만들까 생각하고 있어요.	私の ホームページを 作ろうと 思っています。

백업 파일을 만들어 뒀어요?	バックアップ ファイルを 作って 置きましたか。
자료를 저장하셨나요?	資料を 保存しましたか。
CD에 백업해 놨어요.	CDに バックアップして 置きました。
그것을 제 USB메모리에 복사해 주세요.	それを 私の ＵＳＢメモリーに コピーして ください。
이 파일을 하드디스크에 저장해 주세요.	この ファイルを ハードディスクに 保存して ください。
어디 폴더에 저장시키셨어요?	どこの フォルダーに 保存しましたか。
파일 이름을 뭐라고 지정했어요?	ファイルの 名前を 何と 保存しましたか。
그 이름으로 저장한 게 확실한가요?	その 名前で 保存したのは 確かですか。
이 파일을 인쇄하고 싶어요.	この ファイルを 印刷したいです。
이 서류를 인쇄해야 해요.	この 書類を 印刷しなければ なりません。
이 문서를 다섯 장씩 출력해 주세요.	この 文書を ５枚ずつ プリントして ください。
흑백 출력밖에 안 돼요.	白黒プリントしか できません。
제가 실수로 자료를 모두 지워버렸어요.	私が 間違って 資料を 全部 消して しまいました。
데이터를 다 잃어버린 것 같아요.	データを 全部 なくして しまったようです。
인쇄는 해 두었나요?	印刷して 置きましたか。
프린터가 고장이에요.	プリンターが 壊れています。
컴퓨터가 완전히 고장 난 것 같아요.	パソコンが 完全に 故障した みたいです。
컴퓨터에 시스템 장애가 있어요.	パソコンに システム障害が あります。
종이를 어떤 식으로 넣어야 하나요?	紙を どのように 入れれば いいですか。
양면으로 복사해 주세요.	両面に コピーして ください。
복사기에 종이가 걸렸어요.	コピー機に 紙が つまってしまいました。
그 서류를 팩스로 보내주세요.	その 書類を ファックスで 送って ください。
당신 팩스를 아직 받지 못했어요.	あなたの ファックスは まだ もらっていません。

21 day 우체국에서

어디에서 우표를 살 수 있나요?	どこで 切手を 買えますか。
일본까지 우편요금은 얼마나 되나요?	日本までの 郵便料金は いくらですか。
우표 한 장 주세요.	切手を 一枚 ください。
우편요금은 무게에 따라 달라져요.	郵便料金は 重さに よって 違ってきます。
이 편지를 부치고 싶어요.	この 手紙を 出したいです。
이 편지를 항공편으로 보내주세요.	この 手紙を 航空便で 送って ください。
이 편지를 빠른우편으로 부치고 싶어요.	この 手紙を 速い 郵便で 出したいです。
이 편지를 어디로 보내실 건가요?	この 手紙を どこへ 送るんですか。
미국으로 편지를 보내고 싶어요.	アメリカに 手紙を 送りたいです。
이 편지를 등기로 보내고 싶어요.	この 手紙を 書留で 送りたいです。
등기로 부치면 얼마인가요?	書留で 出したら いくらですか。
도착하려면 얼마나 걸리나요?	到着するまでに どのくらい かかりますか。
익일 배송 비용은 얼마인가요?	翌日配送は いくらですか。
이 소포를 항공편으로 보내고 싶어요.	この 小包を 航空便で 送りたいです。
이 소포를 한국으로 보내고 싶어요.	この 小包を 韓国に 送りたいです。
이 소포 중량을 달아주시겠어요?	この 小包の 重さを 量ってくれますか。
소포 안의 내용물이 무엇인가요?	小包の 中の 内容物は 何ですか。
깨지는 물건은 없어요.	割れる 物は ないです。
만일을 위해서 소포를 보험에 들어주세요.	万一の ために 小包に 保険を 掛けて ください。
급전을 치고 싶어요.	至急電報を 打ちたいです。
감사 전보를 보내고 싶어요.	感謝の 電報を 送りたいです。
메시지를 적어 주시겠어요?	メッセージを 書いて いただけますか。

우편환으로 10만엔를 부치고 싶어요.	郵便為替で 10万円を 送りたいです。
송금 수수료가 얼마인가요?	送金手数料は いくらですか。
이것이 등기우편 양식인가요?	これは 書留郵便の 様式ですか。
기념우표 있나요?	記念切手は ありますか。
빈 사서함이 있나요?	空いている 私書箱は ありますか。
제게 온 소포가 있을 거예요.	私に 来た 小包が ある はずです。

22 day 은행에서

입금하러 왔는데요.	入金しに 来ました。
이 수표를 어떻게 입금하나요?	この 小切手を どう 入金すれば いいですか。
돈을 인출하고 싶어요.	お金を 引き出したいです。
돈을 어떻게 드릴까요?	お金を どのように お渡し しましょうか。
계좌 번호가 어떻게 되세요?	口座番号は 何番ですか。
자동 이체할 수 있나요?	自動振込み できますか。
환전해 주세요.	両替して ください。
원화를 엔화로 바꾸고 싶어요.	ウォンを 円に 換えたいです。
오늘 환율이 어떻게 되나요?	今日の レートは どうなっていますか。
수수료는 얼마인가요?	手数料は いくらですか。
이 천엔을 잔돈으로 바꿔주시겠어요?	この 千円を 小銭に 換えて くれますか。
이것을 동전으로 바꿔주시겠어요?	これを 小銭に 換えて くれませんか。
이 수표를 현금으로 바꿀 수 있나요?	この 小切手を 現金に 換えれますか。
계좌를 개설하고 싶어요.	口座を 開設したいです。
보통예금 계좌를 부탁해요.	普通預金 口座を お願いします。
계좌를 개설하려면 무엇이 필요한가요?	口座を 開設するには 何が 必要ですか。
이자는 어떻게 되나요?	利子は どうなりますか。

계좌를 해지하고 싶어요. 口座を 解約 したいです。

신용카드를 신청하고 싶어요. クレジットカードを 申し込みたいです。

현금카드를 만들고 싶어요. キャッシュカードを 作りたいです。

개인비밀번호를 만드시겠어요? 個人の 暗証番号を 作りますか。

현금 서비스를 받을 수 있을까요? キャッシングサービスが 利用できますか。

현금 인출 한도가 어떻게 되나요? 現金の お引き出し限度額は どうなりますか。

대출을 신청하고 싶어요. ローンを 組みたいです。

대출 이자는 어떻게 되나요? ローンの 金利は どうなりますか。

신용 보증인이 있으세요? 連帯保証人は いますか。

얼마를 대출하실 건가요? いくら 借りますか。

주택 융자를 받을 수 있을까요? 住宅融資を 受ける 事は できますか。

23 day 쇼핑센터에서

가전제품 매장은 어디에 있나요? 家電製品売場は どこに ありますか。

벼룩시장은 어디서 열리고 있나요? フリーマーケットは どこで 開いていますか。

저는 여기 단골이에요. 私は ここが 行きつけです。

그냥 둘러보는 거예요. ただ 見ているだけです。

영업시간이 어떻게 되나요? 営業時間は どうなって いますか。

주말에도 문을 여세요? 週末にも 開いていますか。

이것은 세일 중인가요? これは セール中ですか。

얼마나 할인이 되나요? いくら 割引されますか。

같은 디자인으로 다른 색상이 있나요? 同じ デザインで 他の 色は ありますか。

좀 더 큰 것이 있나요? もう 少し 大きいものは ありますか。

다른 걸로 보여주시겠어요? 他の 物も 見せてもらえますか。

이것은 가죽으로 만들어졌나요? これは 革で できていますか。

이것은 도금 처리한 건가요? これは メッキ処理してあるんですか。

이것은 얼마인가요? これは いくらですか。

모두 얼마입니까? 全部で いくらですか。

제가 생각했던 것보다 비싸요. 私が 思っていたより 高いです。

좀 깎아 주시겠어요? ちょっと おまけ してくれませんか。

바가지 씌우는 건 아니겠죠? ぼったくられて いるのでは ないですよね。

카드로 계산하겠어요. カードで 払います。

할부로 되나요? 分割払い できますか。

정말 만족스러운 구매였어요. 本当に 満足いく 買い物でした。

선물 포장해 주실 수 있나요? 包装して くれますか。

배달해 주시겠어요? 出前を してくれますか。

이 주소로 보내 주세요. この 住所に 届けて ください。

다른 것으로 교환하고 싶어요. 他の 物に 交換したいです。

다른 색으로 바꿔주세요. 他の 色に 変えて ください。

이것을 환불하고 싶어요. これを 払い戻し したいです。

영수증은 여기에 있어요. 領収書は ここに あります。

24 day 식당에서

5명의 자리 좀 예약해 주시겠어요? 5人の席を 予約したいのですが。

저녁 8시에 예약하고 싶은데요. 夜8時に 予約したいんですけど。

7시에 두 사람 예약했어요. 7時に 二人 予約しました。

근처에 한국 식당이 있나요? 近くに 韓国料理屋は ありますか。

7시에 예약했는데요. 7時に 予約したんですが。

창가 쪽 테이블에 앉을 수 있을까요? 窓側の テーブル席に 座ることは できますか。

더 큰 테이블은 없나요? もっと 大きい テーブルは ありませんか。

일행이 몇 분이십니까?	お連れ様は 何名様ですか。
오늘의 특별 요리가 있나요?	今日の 特別料理は ありますか。
이 집에서 잘하는 게 뭔가요?	この 店の お勧めは 何ですか。
가장 빨리 되는 요리가 뭔가요?	一番 早く 出せる 料理は 何ですか。
이것을 주세요.	これを ください。
같은 것으로 부탁해요.	同じ 物で お願いします。
저는 다 익힌 스테이크를 주문했는데요.	私は ウエルダンを 注文したんですけど。
이것은 제가 주문한 게 아닌데요.	これは 私が 注文した 物では ないんですが。
음식이 차가워요. 데워 주시겠어요?	料理が 冷たいです。温めて ください。
물수건 좀 주세요.	おしぼりを ください。
메뉴판을 다시 가져다주시겠어요?	メニューを もう一度 持って来てくれますか。
냅킨을 더 주세요.	ナプキンを もっと ください。
남은 음식 좀 싸 주실래요?	残った 食べ物を ちょっと 持ち帰りに してくれませんか。
군침이 도는군요.	よだれが 出ますね。
입에서 살살 녹아요.	口で そっと 溶けます。
너무 맛있어요.	とても おいしいです。
매운 음식은 제 입맛에 맞지 않군요.	辛い 食べ物は 私の口には 合わないですね。
계산서 좀 갖다 주시겠어요?	伝票を 持ってきてくれますか。
제가 계산할게요.	私が 払いますよ。
죄송하지만, 이건 무엇의 가격인가요?	すみませんが、これは 何の 値段ですか。

25 day 편의&오락시설 이용

24시간 편의점을 찾고 있어요.	24時間の コンビニを 探しています。
노래하는 곳이 있나요?	カラオケは ありますか。
어디 좋은 재즈 클럽이 있나요?	どこか いい ジャズクラブは ありますか。

이 근처에 디스코텍이 있나요?	この 近くに ディスコは ありますか。
차가운 맥주는 어디 있나요?	冷たい ビールは どこに ありますか。
미네랄워터는 어디 있나요?	ミネラルウォーターは どこに ありますか。
일회용 카메라를 찾고 있어요.	使い捨てカメラを 探して います。
세면용품은 어디 있나요?	洗顔用品は どこに ありますか。
어떤 세트 메뉴가 있나요?	どんな セットメニューが ありますか。
치즈버거 주세요.	チーズバーガーを お願いします。
양파는 빼주세요.	玉ねぎは 抜いて ください。
감자튀김 중간 거랑 콜라 큰 거 주세요.	フライドポテト Mサイズと コーラ Lサイズを ください。
콜라를 좀 더 주시겠습니까?	コーラを もう少し いただけますか。
제일 시원한 맥주로 주세요.	一番 冷たい ビールを ください。
얼음 넣은 위스키 한 잔 주세요.	氷を 入れて ウィスキーを 一杯 ください。
생맥주 한 잔 주세요.	生ビールを 一杯 ください。
한 잔 더 주실래요?	もう 一杯 いただけますか。
건배해요. 건배!	乾杯しましょう。乾杯。
저는 좀 취하는 거 같은데요.	私は 少し 酔ったみたいです。
저는 카지노에 가본 적이 없어요.	私は カジノへ 行ったことが ありません。
초보자에게 좋은 게임은 뭔가요?	初心者に いい ゲームは 何ですか。
블랙잭은 어떻게 하는 거예요?	ブラックジャックは どう やるんですか。
무슨 노래 부를래요?	何の 歌を 歌いますか。
내가 저 노래 부르려고 했는데!	私が その 歌を 歌おうと していたのに。
당신의 십팔번이 뭐예요?	あなたの 18番は 何ですか。
마이크 좀 줘 봐요.	ちょっと マイクを 貸して。
난 최신곡은 못 따라가요.	私は 最新曲は ついていけません。
정말 잘 불렀어요!	本当に 歌が 上手ですね。

진료 예약을 하고 싶어요.	診療の 予約を したいです。
진찰을 받고 싶어요.	診察を 受けたいです。
저희 병원에 처음 오시는 건가요?	当病院へは 初めてですか。
어떤 보험도 들지 않았는데요.	何の 保険にも 入っていませんが。
어디가 아프세요?	どこが 痛いですか。
아픈 지 얼마나 됐나요?	痛み 出してから どれくらい たちましたか。
여기를 누르면 아픈가요?	ここを 押すと 痛いですか。
배가 아파요.	お腹が 痛いです。
목이 아파요.	のどが 痛いです。
머리가 아프고 오한이 있어요.	頭が 痛くて 寒気が します。
콧물이 흐르고 열이 나요.	鼻水が 出て 熱が あります。
소화가 안 돼요.	消化が できません。
식중독에 걸린 것 같아요.	食中毒に なったみたいです。
다리가 부어올랐어요.	足が 腫れ上がりました。
운동하다가 다쳤어요.	運動を していて 怪我をしました。
손을 데었어요.	手を 火傷しました。
오른팔이 부러진 것 같아요.	右腕が 折れたようです。
깨진 유리조각을 밟았어요.	ガラスの 破片を 踏みました。
잇몸에 염증이 있어요.	歯茎が 炎症しています。
이가 흔들려요.	歯が 揺れます。
스케일링 하러 왔어요.	スケーリングをしに 来ました。
시력 검사를 하러 왔는데요.	視力検査を しに 来ました。
안경을 맞추려고 하는데 검사 받을 수 있나요?	眼鏡を 作りたいのですが 検査を 受けれますか。

이 처방전대로 약을 지어 주세요. / この 処方箋どおりに 薬を 出して ください。

식후 30분에 복용하세요. / 食後 30分に 服用して ください。

두통약을 주시겠어요? / 頭痛薬を くれますか。

감기약을 주세요. / 風邪薬を ください。

부작용은 없을까요? / 副作用は ないですか。

27 day 세탁소에서

이 셔츠를 다림질해 주시겠습니까? / この シャツに アイロンを かけてくれますか。

이 바지를 다리고 싶어요. / この ズボンに アイロンを かけたいです。

여기 주름 좀 잡아 주세요. / ここの しわを ちょっと 伸ばして ください。

이 양복을 세탁하고 다려주세요. / この スーツを 洗濯して アイロンを かけて ください。

이 옷 드라이클리닝 해주실래요? / この 服を ドライクリーニングして くれますか。

코트를 드라이클리닝 하고 싶어요. / コートを ドライクリーニング したいです。

이것을 드라이클리닝 부탁합니다. / これを ドライクリーニングで お願いします。

이 양복 금요일까지는 드라이클리닝 해주셔야 해요. / この スーツを 金曜日までには ドライクリーニングしなければ ならないです。

제가 양복에 와인을 쏟았어요. / 私が スーツに ワインを こぼしました。

얼룩 좀 제거해 주실래요? / 染み抜きを してくれますか。

옷이 줄어들지는 않겠지요? / 服が 縮んだりは しないですよね。

제 양복이 손상되는 일은 없겠지요? / 私の スーツが 痛んだりする ことは ないですよね。

카펫도 세탁할 수 있나요? / カーペットも 洗えますか。

제 세탁물 다 됐나요? / 私の 洗濯物は できましたか。

드라이클리닝 맡긴 옷을 찾으러 왔어요. / ドライクリーニングに 出した 服を 取りにきました。

여기 제 세탁확인증이에요. / お預かり証です。

빨리 해 주셔서 감사합니다. / 急いで してくれて ありがとうございます。

얼룩이 빠지지 않았어요. / しみが 落ちて いませんでした。

이 코트는 다림질이 잘 안 됐어요.	この コートは アイロンがけが よく されていませんでした。
세탁물이 아직도 축축하군요.	洗濯物が まだ 湿っぽいです。
이것들은 제 옷이 아닌데요.	これは 私の 服では ありません。
아직 준비가 안 됐나요?	まだ 準備が できていませんか。
제 세탁물을 분실하셨다고요?	私の 洗濯物を 紛失したんですか。
옷 수선도 해 주시나요?	服の お直しも できますか。
바지를 좀 줄여주세요.	ズボンを ちょっと 裾上げして ください。
허리를 줄여 주세요.	ウエストを 詰めて ください。
치마 기장을 좀 줄여 주시겠어요?	スカートの 長さを ちょっと 短くして くれますか。
지퍼가 고장났어요. 갈아주실래요?	チャックが 壊れました。換えて ください。

28 day 미용실에서

파마 예약을 하고 싶어요.	パーマの 予約を したいです。
찾는 미용사가 있으세요?	ご指名の 美容師は いらっしゃいますか。
예약 없이 오셨나요?	予約を しないで いらっしゃいましたか。
헤어스타일을 바꾸고 싶은데요.	ヘアースタイルを 変えたいんですけど。
어떤 스타일로 해 드릴까요?	どんな スタイルに いたしましょうか。
헤어스타일 책을 보여주시겠어요?	ヘアースタイルの 本を 見せていただけますか。
유행하는 스타일로 해 주세요.	流行の スタイルに して ください。
저분과 같은 헤어스타일로 해주세요.	あの 方と 同じ ヘアースタイルに して ください。
짧게 잘라 주세요.	短く 切って ください。
앞머리는 그냥 두세요.	前髪は そのままに して ください。
이런.식으로 머리를 자르고 싶어요.	こんな 感じで 髪の毛を 切りたいです。
뒷머리는 너무 많이 자르지 마세요.	後ろ髪は あまり 切らないで ください。
앞머리를 가지런히 잘라 주시겠어요?	前髪を 真っ直ぐに 切ってもらえますか。

어떤 스타일의 파마를 원하세요?	どんな スタイルの パーマを ご希望ですか。
사진들을 좀 볼 수 있어요?	ちょっと 写真を 見せてもらえますか。
약한 파마를 해주세요.	軽く パーマを かけて ください。
세게 말아주세요.	強く 巻いて ください。
머리를 드라이해 주세요.	髪の毛を ブローして ください。
머리를 염색하고 싶어요.	髪の毛を 染めたいです。
머리를 갈색으로 염색해 주세요.	髪の毛を 茶色に 染めて ください。
브릿지는 넣지 마세요.	ブリーチは しないで ください。
머리를 세팅해 주시겠어요?	ヘアーセットをして くれますか。
제 머리를 펴 주세요.	私の 髪の毛を ストレートにして ください。
평소 가르마는 어느 쪽으로 타세요?	普段 分け目は どちら側ですか。
손톱 손질을 해주시겠어요?	爪の お手入れを してもらえますか。
손톱에 매니큐어를 칠해 주세요.	爪に マニキュアを 塗って ください。
머리 감겨 드릴까요?	シャンプー いたしますか。
샴푸한 후에 드라이를 해주실래요?	シャンプーの 後 ブローして くれますか。

29 day 부동산중개소에서

우린 임대할 집을 찾고 있어요.	私たちは 借りる 家を 探しています。
저는 아파트를 구하고 있어요.	私は アパートを 探しています。
지하철역에서 가까운 곳을 원해요.	地下鉄駅から 近い所を 希望します。
어느 정도의 집을 찾고 있으세요?	どのくらいの 家を お探しですか。
가격을 어느 정도로 예상하세요?	予算は どれくらいを お考えですか。
월세가 7만엔 이하였으면 좋겠는데요.	家賃が 7万円 以下だと 良いのですが。
집 좀 보여 주시겠어요?	家を ちょっと 見せていただけますか。
이 아파트는 남향입니까?	この アパートは 南向きですか。

이 집은 햇빛이 잘 들어요.   この 家は 日当たりが いいですか。

교통은 어떤가요?   交通の 便は どうですか。

집 앞에 주차해도 되나요?   家の 前に 駐車しても いいですか。

이웃 사람들은 조용한가요?   近所の 人たちは 静かですか。

애완동물을 길러도 되나요?   ペットを 飼ってもいいですか。

임대 기간은 얼마나 되나요?   賃貸期間は どのくらいですか。

한 달 임대료는 얼마인가요?   一ヶ月の 家賃は いくらですか。

보증금은 얼마인가요?   保証金は いくらですか。

임대료에 공공요금이 포함되어 있나요?   家賃に 公共料金は 含まれていますか。

왜 그 집이 마음에 들지 않으신지요?   なぜ その家が 気に 入らないんですか。

위치가 마음에 들지 않아요.   位置が 気に 入りません。

내부가 좀 지저분하네요.   内部が ちょっと 汚いですね。

다른 집을 보여 주시겠습니까?   他の 家を 見せて いただけますか。

이 아파트를 임대하겠어요.   この アパートを 借りたいです。

보증금은 되돌려 받을 수 있나요?   保証金は 戻って きますか。

그 사항은 계약서에 포함시켜 주세요.   その 事項も 契約書に 入れて ください。

우리는 나가노로 이사 갈 거예요.   私たちは 長野に 引っ越します。

이삿짐 대행업체를 불러야겠어요.   引っ越し業者を 呼ばなければ なりません。

혼자 짐을 다 쌌어요.   一人で 荷物を 全部 荷造りしました。

어서 짐을 옮깁시다.   早く 荷物を 運びましょう。

30 city 경찰서&공공기관에서

응급상황이에요!   緊急事態です。

경찰에 어떻게 신고하지요?   警察に どのように 届ければいいですか。

누가 경찰 좀 불러 주세요!   だれか 警察を 呼んで ください。

여권을 분실했어요.	パスポートを 無くしました。
소매치기를 당한 것이 틀림없어요.	すりに 遭ったのは 間違いないです。
언제 어디서 분실하셨나요?	いつ どこで 紛失しましたか。
제 가방을 도난당했어요.	私の かばんが 盗まれました。
제 귀중품이 모두 들어 있어요.	私の 貴重品が 全部 入っています。
사고 신고를 하고 싶어요.	事故の 報告を したいです。
지하철에서 소매치기를 당했어요.	地下鉄で すりに あいました。
제 사무실에 도둑이 들었어요.	私の 事務所に 泥棒が 入りました。
경관님, 제 아이가 없어졌어요.	おまわりさん、私の 子供が いなくなって しまいました。
화재가 났어요.	火事が 起きました。
자동차 사고를 신고하려고 해요.	自動車の 事故が 起きました。
여기 부상자가 있어요.	ここに 負傷者が います。
속도위반 딱지를 떼였어요.	スピード違反で 捕まりました。
벌금이 얼마인가요?	罰金は いくらですか。
여권을 찾으러 왔어요.	パスポートを 取りに 来ました。
비자를 갱신하러 왔어요.	ビザを 更新しに 来ました。
출생 신고는 어떻게 하나요?	出生届けは どのように すればいいですか。
어느 분이 이 업무를 담당하시나요?	どの 方が この 業務を 担当していますか。
제가 작성해야 할 서류가 뭔가요?	私が 作成しなければならない 書類は 何ですか。
왜 이렇게 오래 걸리나요?	なぜ こんなに 長く かかりますか。
도서관은 몇 시에 개관하나요?	図書館は 何時に 開館しますか。
이 책이 있는지 확인해 주세요.	この 本が あるか 確認して ください。
이 책들을 대출하고 싶은데요.	この 本を 借りたいのですが。
이 책들을 얼마동안 대출할 수 있나요?	この 本は どのくらい 借りることが できますか。
이 책을 어디에 반납해야 하나요?	この 本を どこに 返却すればいいですか。